PSICOLOGIA SOCIAL DO RACISMO

COLEÇÃO PSICOLOGIA SOCIAL

Coordenadores:
Pedrinho A. Guareschi – Universidade Federal do
  Rio Grande do Sul (UFGRS)
Sandra Jovchelovitch – London School of Economics and Political
  Science (LSE) – Londres

Conselho editorial:
Denise Jodelet – L'École des Hautes Études en Sciences Sociales – Paris
Ivana Marková – Universidade de Stirling – Reino Unido
Paula Castro – Instituto Superior de Ciências do Trabalho e da Empresa (Iscte) – Lisboa
Ana Maria Jacó-Vilela – Universidade do Estado do Rio de Janeiro (Uerj)
Regina Helena de Freitas Campos – Universidade Federal de Minas Gerais (UFMG)
Angela Arruda – Universidade Federal do Rio de Janeiro (UFRJ)
Neuza Maria de Fátima Guareschi – Universidade Federal do Rio Grande
  do Sul (UFGRS)
Leoncio Camino – Universidade Federal da Paraíba (UFPB)

Dados Internacionais de Catalogação na Publicação (CIP)
(Câmara Brasileira do Livro, SP, Brasil)

Psicologia social do racismo : estudos sobre branquitude e branqueamento
  no Brasil / Iray Carone, Maria Aparecida Silva Bento (organizadoras).
  6. ed. – Petrópolis, RJ : Vozes, 2014. – (Coleção Psicologia Social)

Vários autores.

9ª reimpressão, 2021.

ISBN 978-85-326-2689-9

1. Negros – Brasil 2. Preconceitos – Brasil 3. Psicologia social – Brasil
4. Racismo – Brasil I. Carone, Iray. II. Bento, Maria Aparecida Silva.

01-6447   CDD-305.800981

Índices para catálogo sistemático:

1. Brasil : Racismo : Psicologia social : Sociologia   305.800981

Iray Carone
Maria Aparecida Silva Bento
(orgs.)

PSICOLOGIA SOCIAL DO RACISMO

Estudos sobre branquitude e branqueamento no Brasil

Edith Piza
Fulvia Rosemberg
Isildinha Baptista Nogueira
Lia Maria Perez Botelho Baraúna
Rosa Maria Rodrigues dos Santos

Petrópolis

© 2002, Editora Vozes Ltda.
Rua Frei Luís, 100
25689-900 Petrópolis, RJ
www.vozes.com.br
Brasil

Todos os direitos reservados. Nenhuma parte desta obra poderá ser reproduzida ou transmitida por qualquer forma e/ou quaisquer meios (eletrônico ou mecânico, incluindo fotocópia e gravação) ou arquivada em qualquer sistema ou banco de dados sem permissão escrita da editora.

CONSELHO EDITORIAL

Diretor
Gilberto Gonçalves Garcia

Editores
Aline dos Santos Carneiro
Edrian Josué Pasini
Marilac Loraine Oleniki
Welder Lancieri Marchini

Conselheiros
Francisco Morás
Ludovico Garmus
Teobaldo Heidemann
Volney J. Berkenbrock

Secretário executivo
João Batista Kreuch

Editoração e org. literária: Roberta Hang M. Soares
Capa: Studio Graph-it

ISBN 978-85-326-2689-9

Editado conforme o novo acordo ortográfico.

Este livro foi composto e impresso pela Editora Vozes Ltda.

DEDICATÓRIA

*Ao sociólogo e militante negro
Eduardo de Oliveira e Oliveira*
in memoriam

AGRADECIMENTOS

Ao Conselho Nacional de Desenvolvimento Científico e Tecnológico, pelo apoio financeiro durante dois biênios (1992-1996).

A todos os pesquisadores e bolsistas que integraram a equipe no Instituto de Psicologia da Universidade de São Paulo.

À Mariangela Nieves, pelo seu preciso trabalho de digitação dos textos.

SUMÁRIO

Prefácio (Kabengele Munanga), 9

1 Breve histórico de uma pesquisa psicossocial sobre a questão racial brasileira (Iray Carone), 13

2 Branqueamento e branquitude no Brasil (Maria Aparecida Silva Bento), 25

3 Porta de vidro: entrada para a branquitude (Edith Piza), 59

4 Cor nos censos brasileiros (Edith Piza e Fúlvia Rosemberg), 91

5 De café e de leite... (Rosa Maria Rodrigues dos Santos), 121

6 À flor da pele (Lia Maria Perez B. Baraúna), 131

7 Branquitude: o lado oculto do discurso sobre o negro (Maria Aparecida Silva Bento), 147

8 Faíscas elétricas na imprensa brasileira: a questão racial em foco (Iray Carone e Isildinha Baptista Nogueira), 163

9 A flama surda de um olhar (Iray Carone), 181

PREFÁCIO

A psicologia brasileira é uma área que teria muito a contribuir na produção do conhecimento sobre o racismo e suas consequências na estrutura psíquica tanto dos indivíduos vítimas como dos discriminadores. Se os comportamentos sociais numa sociedade racista como a nossa podem ser objeto de um olhar interdisciplinar, cabe a cada disciplina implicada dar a sua contribuição dentro de sua especificidade, tornando-se, *ipso facto,* auxiliar e complementar das disciplinas afins. No que toque aos estudos sobre o negro no Brasil, iniciados há mais de 100 anos, com os trabalhos pioneiros de Raimundo Nina Rodrigues, observa-se quantitativamente uma distância muito grande entre as ciências sociais e a psicologia social que, na sua especificidade, teria auxiliado as primeiras a captar os fenômenos psíquicos do racismo, sobre os quais elas não têm domínio metodológico.

O preconceito racial é um fenômeno de grande complexidade. Por isso, costumo compará-lo a um *iceberg* cuja parte visível corresponderia às manifestações do preconceito, tais como as práticas discriminatórias que podemos observar através dos comportamentos sociais e individuais. Práticas essas que podem ser analisadas e explicadas pelas ferramentas teórico-metodológicas das ciências sociais que, geralmente, exploram os aspectos e significados sociológicos, antropológicos e políticos, numa abordagem estrutural e/ou diacrônica. À parte submersa do *iceberg* correspondem, metaforicamente, os preconceitos não manifestos, presentes invisivelmente na cabeça dos indivíduos, e as consequências dos efeitos da discriminação na estrutura psíquica das pessoas.

Os desajustados e perturbados mentais, vítimas do preconceito e da discriminação racial, mereceriam a atenção de uma ciência psicológica, tanto no plano individual sob o olhar de uma psicologia clínica, como no plano coletivo, sob o olhar de uma psicologia social. Não vejo, portanto, disciplina mais qualificada que a psicologia e sua derivada, a psicanálise, para analisar os fenômenos subjetivos ligados aos processos de identificação do sujeito negro individual e coletivo e aos processos de sua autoestima. Infelizmente, a psicologia social no Brasil tem reservado um espaço de pouco significado ao estudo desses fenômenos que tocam à vida de mais de 60 milhões de cidadãos brasileiros de origem afro-descendente. Essa pouca preocupação da psicologia não deixa de ser inquietante, principalmente nesta era da globalização, que por toda parte provoca movimentos de afirmação das identidades, contrariamente aos mecanismos de homogeneização ditados pela mundialização do mercado, do capital, das técnicas e meios de comunicações de massas.

Foi a partir da consciência sobre as lacunas provocadas pela ausência da psicologia social no Brasil que a Dra. Iray Carone, professora e pesquisadora do Instituto de Psicologia da Universidade de São Paulo, iniciou, em 1992, com a participação de seus orientados e colegas convidados, um estudo sobre a negritude em São Paulo, visando captar justamente os efeitos psicológicos do legado do branqueamento sobre o processo de construção da identidade negra. Os resultados desta pesquisa – concluída em 1996 e intitulada *A força psicológica do legado social do branqueamento – um estudo sobre a negritude em São Paulo* – constituem o cerne do presente livro, que a organizadora e as demais coautoras colocam à disposição da sociedade como um tributo capaz de desencadear um debate e uma reflexão conscientizadores sobre os efeitos psicológicos provocados pelo racismo na sociedade brasileira.

O racismo à brasileira, como os demais racismos que se desenvolveram em outros países, tem sua história diferente da dos outros e suas peculiaridades. Entre estas, podemos enfatizar notadamente o significado e a importância atribuídos à miscigenação ou mestiçagem no debate ideológico-político que balizou o processo de construção da identidade nacional e das identidades particulares. Nesse debate de ideias, a miscigenação, um simples fenômeno biológico, recebeu uma missão política da maior importância, pois dela dependeria o processo de homogeneização biológica da qual dependeria a construção da identidade nacional brasileira. Foi nesse contexto que foi cunhada a ideologia do branqueamento, peça fundamental da ideologia racial brasileira, pois acreditava-se que, graças ao intensivo processo de miscigenação, nasceria uma nova raça brasileira, mais clara, mais arianizada, ou melhor, mais branca fenotipicamente, embora mestiça genotipicamente. Assim desapareceriam índios, negros e os próprios mestiços, cuja presença prejudicaria o destino do Brasil como povo e nação.

Percorrendo a história das ideias sobre a mestiçagem, podemos perceber que a Raciologia, ou ciência das raças, filha do pensamento dos naturalistas e filósofos iluministas, não inocentou os mestiços, que considerou como frutos do cruzamento indesejável entre "raças" decretadas superiores e inferiores. Na reflexão da maioria desses filósofos, os mestiços são vistos sempre como seres ambivalentes, degenerados, anormais, pois são frutos de uniões escandalosas e contra a natureza; "raça" bastarda, imoral, estéril etc. Os mais generosos viam nos mestiços a raça mais vigorosa fisicamente, por ter conservado o melhor de cada raça. A adaptação ao clima e ao meio ambiente dos indígenas, a força muscular e os dons artísticos dos negros e a luz ou racionalidade dos brancos, todos estes atributos se encontrariam – segundo diziam – concentrados no mestiço.

Mas o que nesse pensamento mais interessa às ciências do homem, a psicologia social incluída, são as atitudes e os comportamentos sociais desenvolvidos, cuja interiorização deixa marcas invisíveis no imaginário e nas representações coletivas, marcas essas que interferem nos processos de identificação individual e de construção da identidade coletiva. A interiorização pode, a rigor, levar à alienação e à negação da própria natureza humana para os que nasceram escuros, oferecendo-lhes como único caminho de redenção o embranquecimento físico e cultural, trilhado pela miscigenação e pela mestiçagem cultural. Como todas as ideologias, o branqueamento precisaria ser reproduzido através dos mecanismos da socialização e da educação. Neste sentido, a maioria da população brasileira, negra e branca, introjetou o ideal do branqueamento, que inconscientemente não apenas interfere no processo de construção da identidade do ser negro individual e coletivo, como também na formação da autoestima geralmente baixíssima da população negra e na supervalorização idealizada da população branca.

Todas essas questões estão no centro das preocupações dos ensaios e descrições que os autores do livro *Psicologia social do racismo – Estudos sobre branquitude e branqueamento no Brasil* oferecem ao leitor em geral, e ao pesquisador brasileiro da área das relações raciais, em particular.

Kabengele Munanga

1 BREVE HISTÓRICO DE UMA PESQUISA PSICOSSOCIAL SOBRE A QUESTÃO RACIAL BRASILEIRA

Iray Carone

De 1992 a 1996 desenvolvemos uma pesquisa intitulada *A força psicológica do legado social do branqueamento – Um estudo sobre a negritude em São Paulo*, no Instituto de Psicologia da Universidade de São Paulo, com o suporte financeiro do Conselho Nacional de Desenvolvimento Científico e Tecnológico (CNPq).

Na qualidade de projeto integrado, contou com pesquisadores em diferentes níveis de formação acadêmica: graduandos, graduados, mestres, doutorandos e doutores. Até o final de 1994 o projeto teve a participação do antropólogo Andréas Hofbauer na condição de pesquisador-visitante estrangeiro, especializado nessa área de estudos sobre o Brasil.

O projeto derivou do contato com a literatura sociológica brasileira da chamada "escola paulista" da Universidade de São Paulo que, nos anos de 1950, com a ajuda financeira da Unesco, deu início ao maior empreendimento científico de compreensão das relações raciais no Brasil. Sem dúvida esses estudos tiveram seus precedentes históricos nas antropologias de Nina Rodrigues e Gilberto Freyre, mas proporcionaram um avanço significativo na visão de conjunto da falsa democracia racial brasileira, com base nos estudos de campo e levantamentos históricos analisados, de modo geral, por um viés teórico funcionalista ou marxista.

Um dos elementos mais intrigantes dessa nova interpretação da realidade racial brasileira, já descolada da visão luso-tropicalista de Gilberto Freyre, era o conceito de *ideologia do branqueamento*. O branqueamento poderia ser entendido, num primeiro nível, como o resultado da intensa miscigenação ocorrida entre negros e brancos desde o período colonial, responsável pelo aumento numérico proporcionalmente superior dos mestiços em relação ao crescimento dos grupos negros e brancos na composição racial da população brasileira. O branqueamento, todavia, não poderia deixar de ser entendido também como uma pressão cultural exercida pela hegemonia branca, sobretudo após a Abolição da Escravatura, para que o negro negasse a si mesmo, no seu corpo e na sua mente, como uma espécie de condição para se "integrar" (ser aceito e ter mobilidade social) na nova ordem social.

A miscigenação entre negros e brancos, exaltada por Gilberto Freyre como um embrião da "democracia racial" brasileira e base de nossa identidade nacional – "povo mestiço", "moreno" – foi parte da escravidão colonial. Mas o cruzamento racial não foi um processo natural, e sim determinado pela violência e exploração do português de ultramar contra o africano sob o cativeiro.

No período pré-abolicionista, que culminou com a assinatura da Lei Áurea no dia 13 de maio de 1888, foram-se desenvolvendo vários argumentos a favor da extinção do regime de produção colonial, bem como as ideias de branquear o povo brasileiro diante do fato irreversível da miscigenação. Esses argumentos pró-branqueamento procediam, de modo geral, de uma adaptação brasileira da "teoria científica" de Joseph Arthur Gobineau, que disse, após uma visita ao Brasil em 1869:

> Nem um só brasileiro tem sangue puro porque os exemplos de casamentos entre brancos e negros são tão disseminados que as nuances de cor são infinitas, causando uma degeneração do tipo mais deprimente tanto nas classes baixas como nas superiores[1].

O racismo de Gobineau estava fundado numa visão *poligenista* da humanidade e condenava o cruzamento inter-racial, que teria como consequências a perda da pureza do sangue da raça branca e superior e a produção de seres inférteis e incapazes – os sem raça – que viriam a comprometer o potencial civilizatório de nosso povo. O mestiço seria o *mulato*, equivalente ao *mulo*, animal híbrido e infértil derivado do cruzamento do jumento com a égua ou do cavalo com a jumenta.

---

[1]. SKIDMORE, Th. E. (1976). *Preto no branco* – Raça e nacionalidade no pensamento brasileiro. Rio de Janeiro: Paz e Terra, p. 46.

Diante do racismo ortodoxo de Gobineau, a elite abolicionista, composta sobretudo de juristas e médicos, ficou extremamente dividida entre condenar a mestiçagem ou adaptar o discurso racista à realidade social do país, mediante o relativo abandono da hipótese poligenética.

Nina Rodrigues, médico e antropólogo, representou a primeira posição, influenciado pela sua participação em discussões científicas europeias da escola criminalista italiana e da escola médico-legal francesa. Supunha que a lei biológica nos dava indicações de que os produtos do cruzamento eram tanto menos favoráveis quanto mais se encontravam afastadas as espécies dentro de uma hierarquia zoológica. No caso das raças humanas, embora não se tivesse comprovado a *hibridez física* dos produtos do cruzamento (esterilidade, por exemplo), poder-se-ia verificar uma certa *hibridez moral, social* e *intelectual* dos mestiços, de acordo com uma certa escala de mestiçagem, dos "degenerados" aos "intelectualmente superiores". De acordo com essa escala, Nina Rodrigues propunha a revisão do código penal brasileiro para o julgamento diferenciado, caso a caso, da responsabilidade criminal dos mestiços.

Foram os juristas positivistas brasileiros, no entanto, que constituíram uma nova ordem de argumentos baseados na chamada "Lei dos três estádios", de Auguste Comte. À marcha para o progresso ou para a positividade das ciências humanas, principalmente da sociologia, deveria corresponder uma evolução das instituições sociais primitivas, tais como a escravidão e o cativeiro dos homens praticados pelas sociedades antigas. Embora fossem progressistas na condenação da escravidão tanto na Europa como nas Américas, eles defendiam as *concepções racialistas*, segundo as quais as raças não só eram definidas pelas características físicas comuns, mas também pelas diferenças mentais transmitidas por hereditariedade. Do ponto de vista político, supunham que as raças com maior desenvolvimento evolutivo deveriam civilizar, tutelar ou absorver as raças com desenvolvimento num estágio inferior. Sem dúvida alguma, os positivistas foram os principais articuladores de argumentos pró-branqueamento da população negra após a Abolição, com uma postura otimista diante da mestiçagem entre negros e brancos, índios e brancos etc.

Outra linha de argumentação pró-branqueamento se fundamentava no pensamento liberal a favor da modernização industrial do Brasil e da imigração de mão de obra europeia. Desde o período anterior à Abolição, já havia defensores da vinda de trabalhadores europeus para o desenvolvimento econômico do país, não só com a suposição da superioridade racial dos brancos, como também da produtividade maior da mão de obra europeia com relação à mão de obra negra e escrava. Mas foi Joaquim Nabuco o melhor representante do projeto econômico e político-liberal do país que consistia em abolir as relações escravistas e reordenar as condições de trabalho pela importação da força produtiva já adaptada à economia industrial capitalista. No entanto, esse projeto de modernização carregava consigo ideias preconceituosas sobre os negros, a despeito de pretender representar o Brasil como um paraíso de convivência inter-racial. O tom otimista do argumento liberal visava mobilizar as elites brasileiras para arrancar o país do isolamento da economia mundial e fornecer uma imagem atrativa do país para a importação de mão de obra europeia.

Mas, o que fazer dos negros e dos seus descendentes? Como integrá-los no mundo dos negócios capitalistas e da mão de obra livre e qualificada para a industrialização do país?

Não houve, da parte dos liberais, nenhuma preocupação concreta definida por medidas relativas aos escravos libertos, com o destino da população negra. Os seus argumentos visavam ou tinham como destinatárias as elites brancas, de modo a convencê-las de que a imigração aumentaria o coeficiente de "massa ariana" no país: o cruzamento e o recruzamento acabariam por branquear o Brasil num futuro próximo ou remoto. (Houve quem pensasse que a solução da questão do negro após a Abolição deveria ser a extradição e a fundação de colônias na África, ou quem defendesse, como Sylvio Romero, a manutenção da escravidão até que os negros sucumbissem no terreno econômico pela concorrência do trabalho livre do imigrante europeu.)

A ideologia do branqueamento era, portanto, uma espécie de darwinismo social que apostava na seleção natural em prol da "purificação étnica", na vitória do elemento branco sobre o negro com a vantagem adicional de produzir, pelo cruzamento inter-racial, um homem ariano plenamente adaptado às condições brasileiras. Se ela aliviava os espíritos dos brancos diante da *questão dos negros*, após a resolução da questão do escravo com a mudança do regime econômico de produção, também deixava a desejar pelo próprio fato de ser mero discurso ideológico: e se o resultado final não fosse a extinção do negro, mas sim o aumento numérico de não brancos na população brasileira?

As políticas imigrantistas do Estado brasileiro refletiam a preocupação de impedir a "decadência dos brancos" pela vitória dos mestiços através de propostas públicas de favorecimento maciço de imigrantes europeus, considerados superiores aos africanos e asiáticos.

Forjada pelas elites brancas de meados do século XIX e começos do XX, a ideologia do branqueamento foi sofrendo importantes alterações de função e de sentido no imaginário social. Se nos períodos pré e pós-abolicionistas ela parecia corresponder às necessidades, anseios, preocupações e medos das elites brancas, hoje ganhou outras conotações – *é um tipo de discurso que atribui aos negros o desejo de branquear ou de alcançar os privilégios da branquitude por inveja, imitação e falta de identidade étnica positiva*. O principal elemento conotativo dessas representações dos negros construídas pelos brancos é o de que o branqueamento é uma doença ou patologia peculiar a eles.

Como é que um problema explícito das elites brancas passou a ser interpretado ideologicamente como um problema dos negros – o desejo de branquear?

Durante o desenvolvimento da pesquisa, até 1994, não tínhamos ainda percebido todas as implicações de um estudo sobre a pressão cultural do branqueamento na esfera psicológica do negro brasileiro. De certa maneira, ainda estávamos cativos e presos à literatura sociológica brasileira dos anos de 1950. Não estaríamos caindo no equívoco de considerar o branqueamento uma *patologia dos negros*, embora determinada societariamente? Afinal de contas, quem eram os agentes sociais que lhes atribuíram tal "doença" e quais foram as motivações conscientes e inconscientes dessas formações ideológicas?

Havíamos tratado o branqueamento, até então, de modo exterior à bipolaridade tensa das relações raciais entre negros e brancos, como se fosse possível alcançar a sua inteligibilidade psicológica sem levar em consideração o sujeito preconceituoso, o verdadeiro autor dessas representações sobre o negro.

Dentre os pesquisadores do projeto, a doutoranda Maria Aparecida da Silva Bento já havia articulado essa bipolaridade ao mostrar na sua dissertação de mestrado[2] que a categoria *negro* era construída pelo *olhar do branco*, que revelava muito mais a sua própria psicologia (a dimensão projetiva da imagem) do que aquela do negro. A pesquisadora Edith Piza, por seu turno, baseada na bibliografia norte-americana sugerida pela antropóloga Angela Gilliam, passou a expor em seminários os estudos sobre *branquitude* de Ruth Frankenberg (1995) e Janet Helms (1990). Essas descobertas não tiveram poucas consequências nos métodos, técnicas e sujeitos da entrevista.

Em 1992 começávamos uma pesquisa de campo com um *roteiro de temas* (vida familiar, vida escolar, vida profissional, religiosidade, relacionamento interpessoal, vida afetiva, movimento negro e episódios de discriminação racial) para orientar o pesquisador de modo a não perder de vista as representações, atitudes e valores, bem como os possíveis suportes inconscientes que se manifestassem durante as falas dos sujeitos negros. Entrevistamos 17 pessoas, de 20 a 55 anos de idade, sendo sete do sexo feminino e dez do sexo masculino.

Foi utilizada uma *ficha socioeconômica* a ser preenchida diretamente pelos sujeitos para que houvesse autoatribuição de cor, bem como informações preliminares sobre automóveis, banheiros, rádios, empregados domésticos etc. que possuíssem em casa. De acordo com os dados obtidos por essa ficha (criada pelo método de H.W. Haisser e Piagentino M. de Almeida), os sujeitos pertenciam às classes média e baixa, com algum grau de escolaridade, do Ensino Fundamental completo ao superior. A pesquisa era enunciada como um estudo sobre as dificuldades e possibilidades das relações raciais no Brasil. Embora de caráter psicológico, as entrevistas eram de curta duração e sem qualquer enquadramento clínico.

Paralelamente, fizemos entrevistas com vários militantes do movimento negro de São Paulo, mas com um roteiro diferente de temas e perguntas. A hipótese era a de que a ideologia do branquea-

---

2. BENTO, M.A.S. (1992). *Resgatando a minha bisavó*: discriminação racial e resistência nas vozes de trabalhadores negros. São Paulo [Dissertação de Mestrado na Puc-SP].

mento poderia atuar de modo negativo no movimento negro, dificultando não só a construção política de uma identidade negra, como também diminuindo a sua capacidade de mobilização junto às comunidades negras. Pesquisas jornalísticas já haviam detectado que 54% de negros e 71% de mestiços haviam respondido negativamente à pergunta: *"Você já se sentiu discriminado por sua cor?"*

Além disso, a *Pesquisa Nacional de Amostra por Domicílio* (Pnad), em 1976, que preparou a inclusão do quesito cor no Censo de 1980 – assunto tratado no artigo de Edith Piza e Fúlvia Rosemberg sob o título *A cor nos censos brasileiros* – mostrou que os não brancos se identificavam segundo graus e matizes de cor, tais como: *amarela queimada, miscigenação mista, morena bem chegada, puxada para branca, queimada de praia, roxa, sapecada, turva, verde* etc., num total de 136 expressões diferenciadas. Para os militantes do movimento negro, no entanto, não só essas expressões ou maneirismos verbais eram inaceitáveis, como também aqueles que se referiam ao negro como *pessoa de cor, mulato escuro, mulato claro* e *preto*.

Embora esse descompasso entre uns e outros tivesse sido pontuado inúmeras vezes, o esquema das entrevistas dos militantes acabou por privilegiar as suas histórias de vida e as posições políticas que assumiam, na década de 1990, a respeito da relação do movimento negro com o Estado. Houve muita divergência quanto ao significado político da participação da militância nos órgãos governamentais e na criação de fundações, conselhos e secretarias especializadas da condição do negro no Brasil. A maior parte dos entrevistados era favorável ou já participante dos governos democráticos, embora alguns julgassem a participação uma forma de *cooptação desmobilizadora* de um movimento de base e caráter populares ou de uma *funaização* (Funai) da questão do negro.

Nesse período da pesquisa, descobrimos os relatórios do falecido militante negro de São Paulo, Eduardo de Oliveira e Oliveira, relativos ao seu projeto de dissertação de mestrado na área de Antropologia Social da Universidade de São Paulo, de 1974 a 1976. Os elementos subjetivos da ideologia racial já se encontravam presentes na obra inacabada desse grande militante, ao qual prestamos a nossa homenagem no artigo intitulado *A flama surda de um olhar*.

As análises das entrevistas dos sujeitos não pertencentes ao movimento negro, por sua vez, mostraram que eles percebiam territórios sociais de brancos e negros como lugares bem demarcados, sobretudo pela experiência derivada de episódios discriminatórios, não importando o sexo, nível econômico e grau de escolaridade. Mesmo aqueles com escolaridade superior e posições ocupacionais mais elevadas admitiram ter sofrido pressões para baixo, passando a temer a rejeição do branco e a não confiar nos dispositivos legais e na eficácia do movimento negro no combate à discriminação. Houve até um entrevistado que chegou a responsabilizar o negro pelos episódios de discriminação. Além da percepção de limites territoriais de um *apartheid* não declarado oficialmente, os sujeitos mostraram dificuldades e ambiguidades na definição de sua identidade étnica, quer pela "vergonha" de sua própria aparência, quer pela preferência por relacionamentos afetivos com brancos.

Essas entrevistas padeciam de várias deficiências, no ponto de vista psicológico, que tentamos superar por meio de uma alteração na *postura* do entrevistador, limitando ao máximo a sua intervenção no discurso do entrevistado. De acordo com uma proposta de Arakcy Martins Rodrigues, do Instituto de Psicologia da Universidade de São Paulo, a primeira parte das entrevistas deveria permitir um discurso livre do sujeito, de modo que *a sequência, a forma de organizar os assuntos, os esquecimentos e as omissões, os temas interrompidos, as passagens incompreensíveis* pudessem aparecer com mais frequência e propiciar elementos para uma análise psicológica mais profunda. Na segunda parte, o entrevistador deveria voltar com insistência, por meio de perguntas, aos temas incompletos e abandonados.

As primeiras entrevistas sem o enquadre formal de perguntas e respostas ocorreram nos finais de 1994 com a contribuição significativa da psicanalista negra e doutora em Psicologia, Isildinha Baptista Nogueira. Foram utilizadas as técnicas de *pontuação* e *apoio* de entrevistas clínicas, embora dentro de um contexto não clínico, como recursos mínimos de intervenção do entrevistador de modo a propiciar a emergência de ansiedade e angústia associadas aos conteúdos inconscientes do sujeito na relação assim estabelecida.

A busca de maior densidade psicológica nas entrevistas inspiradas na clínica não poderia, ao nosso ver, desconsiderar a possibilidade de a relação entre o entrevistador e o entrevistado estar sendo afetada pelas tensões entre brancos e negros. O pesquisador negro não estaria, nesse sentido, em melhores condições que um pesquisador branco (ou de fenótipo branco) para entrevistar sujeitos negros? Será que brancos deveriam entrevistar brancos e negros entrevistar negros, de acordo com uma espécie de *paridade racial* nas entrevistas?

A antropóloga norte-americana Angela Gilliam, num seminário para a equipe e com base na sua experiência científica, já havia alertado para a necessidade de se atender à *paridade racial* sobretudo por pertencermos a um país racializado, atravessado por tensões nem sempre explícitas e declaradas entre brancos e negros. A paridade surgiu, portanto, como uma nova exigência a ser observada nas entrevistas para propiciar o discurso livre do entrevistado, a despeito desse discurso livre ser entendido como modulado/entrecortado pela angústia e ansiedade psicológicas.

Solicitamos nesse passo à psicóloga clínica Lia Maria Perez Botelho Baraúna que fizesse uma análise comparativa entre uma entrevista formal de 1992 e uma entrevista de discurso livre "paritário" de 1994. Os resultados dessa análise comparativa foram muito expressivos e encontram-se consubstanciados no artigo de sua autoria intitulado *À flor da pele*.

Além da paridade e da alteração da postura do entrevistador, o par de conceitos branqueamento/branquitude passou a vigorar na seleção dos sujeitos das entrevistas, com a finalidade de abandonar a visão reducionista do branqueamento. A pesquisadora e doutora em Psicologia, Edith Piza, começou então a realizar uma série de entrevistas sobre a questão racial com mulheres brancas da cidade de Itapetininga. Possuidora de grande experiência nos estudos de relações raciais no Brasil, sob a orientação de Fúlvia Rosemberg, Edith havia tematizado na sua tese[3] o *olhar branco* sobre o negro, através da análise de estereótipos de mulher negra contidos na literatura juvenil escrita por mulheres brancas. Maria Aparecida da Silva Bento já tinha oferecido, também, uma grande contribuição nesses estudos dos elementos projetivos da percepção do branco sobre o negro, referidos anteriormente.

---

3. PIZA, E. (1998). *Os caminhos das águas*: personagens femininas negras escritas por mulheres brancas. São Paulo: Edusp/Fapesp.

Outros estudos foram realizados no interior de instituições, por exemplo num hospital/dia municipal de atendimento psicológico a crianças com distúrbios de comportamento. A psicóloga clínica Rosa Maria Rodrigues dos Santos realizou aí um estágio no qual deu assistência com fins terapêuticos a uma menina negra que se considerava *loira*, mas que no contato interpessoal alterou a sua autoimagem para *morena clara*. O resultado dessa relação terapêutica se encontra no artigo de sua autoria intitulado *De café e de leite...*

Fizemos também um estudo analítico de representações sobre a questão racial na imprensa, a partir de uma coleta de notícias e comentários publicados nos grandes jornais de São Paulo e em algumas revistas nacionais. Essa análise se encontra no artigo *Faíscas elétricas na imprensa brasileira: a questão racial em foco*. Tivemos, nesse caso, a intenção de detectar alguns sintomas ou indicadores do grau de elaboração da questão racial na nossa sociedade através do espelho da grande imprensa.

Em 1997, ao compor o último relatório de pesquisa, pudemos perceber que até 1994 havíamos realizado apenas a *primeira navegação*[4], feita com a propulsão das velas ao vento, ao sabor da literatura corrente escrita por brancos a respeito dos negros no Brasil. No entanto, a *segunda navegação*, o remar duro sem a força dos ventos, começou quando a crítica dessa literatura nos privou dos seus elementos conceituais, dos seus métodos e técnicas e nos obrigou a dar uma verdadeira guinada na busca do conhecimento. Foi aí que começamos a descobrir os segredos da *branquitude*. Retratos dessa jornada branquitude adentro permitiram esboçar os privilégios nunca ditos, os medos paranoicos, as pulsões negadas e projetadas para fora, os racismos inconfessos dos sujeitos brancos.

As pesquisas e os artigos de Maria Aparecida da Silva Bento e Edith Piza abriram novas cartas de navegação para os estudos da branquitude no Brasil – um continente a ser explorado e conhecido por aqueles que reconhecem a importância política de se focalizar cientificamente o preconceito e a discriminação raciais nas relações sociais.

---

4. As expressões "primeira navegação" e "segunda navegação" pertenciam à linguagem dos antigos marinheiros gregos, que foram utilizadas por Platão para se referir às passagens da dialética – do esforço mínimo ao esforço máximo na busca do conceito.

Questões antigas retornaram nessa investigação, sendo uma delas o próprio conceito de raça. Por mais que a ciência venha a demonstrar que "raça" é uma construção social e ideológica quando se trata da espécie humana, ainda assim não será fácil desmistificá-la no plano do cotidiano social. Intelectuais negros norte-americanos costumam dizer, em tom de pilhéria, que as suas pesquisas têm demonstrado a falsidade ideológica do conceito de raça, mas isso não os ajuda a conseguir tomar um táxi no meio da noite [...] No Brasil não são poucas as vezes que motoristas de táxi e ônibus interurbanos deixam de atender aos acenos de negros, tarde da noite ou não. Parece que no fragor da batalha do trânsito das cidades, o racismo, com mais frequência, mostra a cara.

Assim, se um negro estacionar o seu carro num lugar proibido, alguém poderá exclamar com fúria: "só negros fariam isso!"; no entanto, se um branco cometer a mesma irregularidade, ninguém se lembrará de culpar a coletividade dos brancos.

Por quê?

No artigo *Porta de vidro: entrada para a branquitude*, Edith Piza analisou a diferença de percepção social de negros e brancos nessa ocorrência vulgar de trânsito: um branco é apenas e tão somente o representante de si mesmo, um indivíduo no sentido pleno da palavra. Cor e raça não fazem parte dessa individualidade. Um negro, ao contrário, representa uma coletividade racializada em bloco – cor e raça são ele mesmo.

O racismo, a despeito de todas as leis antidiscriminatórias e da norma politicamente correta da indesejabilidade do preconceito na convivência social, apenas sofreu transformações formais de expressão. Não é posto nem é dito, mas pressuposto nas representações que exaltam a individualidade e a neutralidade racial do branco – a branquitude – reduzindo o negro a uma coletividade racializada pela intensificação artificial da visibilidade da cor e de outros traços fenotípicos aliados a estereótipos sociais e morais. As consequências são inevitáveis: a neutralidade de cor/raça protege o indivíduo branco do preconceito e da discriminação raciais na mesma medida em que a visibilidade aumentada do negro o torna um alvo preferencial de descargas de frustrações impostas pela vida social.

2 BRANQUEAMENTO E BRANQUITUDE NO BRASIL

Maria Aparecida Silva Bento

Este texto procura abordar as dimensões do que podemos nomear como branquitude, ou seja, traços da identidade racial do branco brasileiro a partir das ideias sobre branqueamento, um dos temas mais recorrentes quando se estuda as relações raciais no Brasil. Ao longo do texto serão focalizados alguns aspectos referentes ao entrelaçamento dessa dimensão subjetiva das relações raciais, com outras mais concretas e objetivas, uma vez que ambas se reforçam mutuamente para funcionar como potencializadoras da reprodução do racismo.

Aspectos importantes da branquitude, como o medo que alimenta a projeção do branco sobre o negro, os pactos narcísicos entre os brancos e as conexões possíveis entre ascensão negra e branqueamento serão abordados.

No Brasil, o branqueamento é frequentemente considerado como um problema do negro que, descontente e desconfortável com sua condição de negro, procura identificar-se como branco, miscigenar-se com ele para diluir suas características raciais.

Na descrição desse processo o branco pouco aparece, exceto como modelo universal de humanidade, alvo da inveja e do desejo dos outros grupos raciais não brancos e, portanto, encarados como não tão humanos. Na verdade, quando se estuda o branqueamento constata-se que foi um processo inventado e mantido pela elite branca brasileira, embora apontado por essa mesma elite como um problema do negro brasileiro. Considerando (ou quiçá inventando) seu grupo como padrão de referência de toda uma espécie, a elite fez uma apropriação simbólica crucial que vem fortalecendo a autoestima e o autoconceito do grupo branco em detrimento dos demais, e essa apropriação acaba legitimando sua supremacia econômica, política e social. O outro lado dessa moeda é o investimento na construção de um imaginário extremamente negativo sobre o negro, que solapa sua identidade racial, danifica sua autoestima, culpa-o pela discriminação que sofre e, por fim, justifica as desigualdades raciais.

Em meu trabalho nos últimos catorze anos, o primeiro e mais importante aspecto que chama a atenção nos debates, nas pesquisas, na implementação de programas institucionais de combate às desigualdades é o silêncio, a omissão ou a distorção que há em torno do lugar que o branco ocupou e ocupa, de fato, nas relações raciais brasileiras. A falta de reflexão sobre o papel do branco nas desigualdades raciais é uma forma de reiterar persistentemente que as desigualdades raciais no Brasil constituem um problema exclusivamente do negro, pois só ele é estudado, dissecado, problematizado.

Nas pesquisas que viemos realizando com brancos desde 1994 (*Estudos sobre branquitude*, USP[1], Projeto *Oportunidades iguais para todos* em Belo Horizonte[2], *Equidade de gênero e raça no trabalho para mulheres e negros – Uma experiência na região do ABC paulista*[3]) e nas questões que surgem nos debates com diferentes grupos (movimentos sindicais, feministas, empregadores, funcionários do poder público envolvidos com políticas de inclusão no trabalho) o que se observa é que, mormente as diferentes concepções e práticas políticas desses grupos, há algo semelhante a um acordo no que diz respeito ao modo como explicam as desigualdades raciais: o foco da discussão é o negro e há um silêncio sobre o branco.

Assim, o que parece interferir neste processo é uma espécie de pacto, um acordo tácito entre os brancos de não se reconhecerem como parte absolutamente essencial na permanência das desigualdades raciais no Brasil. E, à medida que nós, no Ceert, fomos

---

1. Pesquisa *A força psicológica do legado social do branqueamento*, Coordenadora: Profa.-dra. Iraí Carone, Instituto de Psicologia da USP, 1993-1996, apoio CNPq.

2. Projeto *Oportunidades iguais para todos*, convênio com a Prefeitura de Belo Horizonte, coordenado pelo Ceert (Centro de Estudos das Relações de Trabalho e Desigualdades), 1995.

3. Projeto *Gestão local, empregabilidade e equidade de gênero e raça: uma experiência de política pública na região do ABC paulista*, apresentado à Fapesp – Programa de Políticas Públicas, São Paulo, 1998.

ministrando cursos dirigidos ao movimento sindical, tornou-se mais aguda a percepção de que muitos brancos progressistas que combatem a opressão e as desigualdades silenciam e mantêm seu grupo protegido das avaliações e análises. Eles reconhecem as desigualdades raciais, só que não associam essas desigualdades raciais à discriminação e isto é um dos primeiros sintomas da branquitude. Há desigualdades raciais? *Há!* Há uma carência negra? *Há!* Isso tem alguma coisa a ver com o branco? *Não!* É porque o negro foi escravo, ou seja, é legado inerte de um passado no qual os brancos parecem ter estado ausentes.

Evitar focalizar o branco é evitar discutir as diferentes dimensões do privilégio. Mesmo em situação de pobreza, o branco tem o privilégio simbólico da brancura, o que não é pouca coisa. Assim, tentar diluir o debate sobre raça analisando apenas a classe social é uma saída de emergência permanentemente utilizada, embora todos os mapas que comparem a situação de trabalhadores negros e brancos, nos últimos vinte anos, explicitem que entre os explorados, entre os pobres, os negros encontram um *déficit* muito maior em todas as dimensões da vida, na saúde, na educação, no trabalho. A pobreza tem cor, qualquer brasileiro minimamente informado foi exposto a essa afirmação, mas não é conveniente considerá-la. Assim o jargão repetitivo é que o problema limita-se à classe social. Com certeza este dado é importante, mas não é só isso.

Na verdade, o legado da escravidão para o branco é um assunto que o país não quer discutir, pois os brancos saíram da escravidão com uma herança simbólica e concreta extremamente positiva, fruto da apropriação do trabalho de quatro séculos de outro grupo. Há benefícios concretos e simbólicos em se evitar caracterizar o lugar ocupado pelo branco na história do Brasil. Este silêncio e cegueira permitem não prestar contas, não compensar, não indenizar os negros: no final das contas, são interesses econômicos em jogo. Por essa razão, políticas compensatórias ou de ação afirmativa são taxadas de protecionistas, cuja meta é premiar a incompetência negra etc., etc. Como nos mostra Denise Jodelet (1989), políticas públicas direcionadas àqueles que foram excluídos de nossos mercados materiais ou simbólicos não são direitos, mas sim favores das elites dominantes.

Por outro lado, há benefícios simbólicos, pois qualquer grupo precisa de referenciais positivos sobre si próprio para manter a sua autoestima, o seu autoconceito, valorizando suas características e, dessa forma, fortalecendo o grupo. Então, é importante, tanto simbólica como concretamente, para os brancos, silenciar em torno do papel que ocuparam e ocupam na situação de desigualdades raciais no Brasil. Este silêncio protege os interesses que estão em jogo.

Discriminação racial e defesa de interesses

No campo da teoria da discriminação como interesse, a noção de privilégio é essencial. A discriminação racial teria como motor a manutenção e a conquista de privilégios de um grupo sobre outro, independentemente do fato de ser intencional ou apoiada em preconceito.

Em minha dissertação de mestrado, discuto essa questão que sempre me inquietou, que é o fato de que a discriminação racial pode ter origem em outros processos sociais e psicológicos que extrapolam o preconceito. O desejo de manter o próprio privilégio branco (teoria da discriminação com base no interesse), combinado ou não com um sentimento de rejeição aos negros, pode gerar discriminação. É esta perspectiva de análise que levou Antonovski[4] a advogar a distinção entre discriminação provocada por preconceito e discriminação provocada por interesse.

Esse tipo de discriminação racial é bastante explicitado nos debates que tenho feito ao longo dos últimos doze anos com grupos de feministas e de lideranças do movimento sindical, indignadas com a opressão sobre as mulheres. É constrangedor o silêncio dessas mulheres sobre a situação da mulher negra. Recentemente, eu vivi uma experiência em um seminário[5] que aconteceu em São Paulo, no segundo semestre de 2000, em que mulheres de todas as centrais sindicais, assessoras do poder público, pesquisadoras de reconhecidos institutos de pesquisa, consultoras empresariais, debatiam as diferentes dimensões da discriminação da mulher no trabalho. Na verdade, foram dois dias inteiros de debates sem qualquer menção sobre a situação da mulher negra no tra-

---

4. Apud Feagin & Feagin, 1986, p. 8

5. *Seminário internacional sobre a questão de gênero no mundo do trabalho: experiências e propostas*, 11 e 12 de maio de 2000, Parlatino, São Paulo.

balho. A grande incoerência é que, poucas semanas antes desse seminário, havia sido divulgado na grande imprensa do país o *Mapa da população negra no mercado de trabalho*[6], no qual a mulher negra foi apontada como o segmento mais discriminado do mercado de trabalho brasileiro, nas sete capitais pesquisadas. No entanto, as lideranças femininas conseguiram passar dois dias falando sobre a discriminação da mulher no trabalho, sem sequer tocar na discriminação da mulher negra. Eu resolvi, então, apontar essa questão usando um termo com o qual ando brincando muito: a *indignação narcísica*. Há um sentimento de indignação com a violação dos direitos das trabalhadoras, mas só quando essa violação afeta o grupo de pertença.

Denise Jodelet (1989) coloca essa questão que, segundo ela, vem aparecendo em muitas pesquisas da atualidade: o que é que faz com que pessoas que cultuam valores democráticos e igualitários aceitem a injustiça que incide sobre aqueles que não são seus pares ou não são como eles?

A explicação desses vieses, segundo ela, diz respeito à necessidade do pertencimento social: a forte ligação emocional com o grupo ao qual pertencemos nos leva a investir nele nossa própria identidade. A imagem que temos de nós próprios encontra-se vinculada à imagem que temos do nosso grupo, o que nos induz a defendermos os seus valores. Assim, protegemos o "nosso grupo" e excluímos aqueles que não pertencem a ele.

Dessa forma, exclusão passa a ser entendida como descompromisso político com o sofrimento de outro. Nesse caso, é importante focalizar uma dimensão importante da exclusão: a *moral*, que ocorre quando indivíduos ou grupos são vistos e colocados fora do limite em que estão vigindo regras e valores morais[7]. Os agentes da exclusão moral compartilham de características fundamentais, como a ausência de compromisso moral e o distanciamento psicológico em relação aos excluídos.

O primeiro passo da exclusão moral é a desvalorização do outro como pessoa e, no limite, como ser humano. Os excluídos mo-

---

6. *Mapa da população negra no mercado de trabalho*. São Paulo, 1999. Encomendado pelo Instituto interamericano sindical pela igualdade racial (Inspir) à Dieese, Fundação Seade.

7. Opotow (1990), apud Bento, 1992.

ralmente são considerados sem valor, indignos e, portanto, passíveis de serem prejudicados ou explorados. A exclusão moral pode assumir formas severas, como o genocídio; ou mais brandas, como a discriminação. Em certa medida, qualquer um de nós tem limites morais, podendo excluir moralmente os demais em alguma esfera de nossas vidas. Em geral, expressamos sentimentos de obrigações morais na família, com amigos, mas nem sempre com estranhos e, menos ainda, com inimigos e membros de grupos negativamente estereotipados. Pelos processos psicossociais de exclusão moral, os que estão fora do nosso universo moral são julgados com mais dureza e suas falhas justificam o utilitarismo, a exploração, o descaso, a desumanidade com que são tratados.

Assim, o que se observa é uma relação dialógica: por um lado, a estigmatização de um grupo como perdedor, e a omissão diante da violência que o atinge; por outro, um silêncio suspeito em torno do grupo que pratica a violência racial e dela se beneficia, concreta ou simbolicamente. É flagrante observar que alguns estudos das primeiras décadas do século XX focalizaram o branco, não para compreender seu papel nas relações entre negros e brancos, mas para garantir sua isenção no processo de escravização da parcela negra da população brasileira. Hasenbalg (1979) chama a atenção para o fato de que, dessa maneira, esses estudos geraram um modelo de isenção da sociedade branca e, por conseguinte, de culpabilização da população negra, que tem variado muito pouco, independentemente das linhas teóricas de pesquisa.

O silêncio, a omissão, a distorção do lugar do branco na situação das desigualdades raciais no Brasil têm um forte componente narcísico, de autopreservação, porque vem acompanhado de um pesado investimento na colocação desse grupo como grupo de referência da condição humana. Quando precisam mostrar uma família, um jovem ou uma criança, todos os meios de comunicação social brasileiros usam quase que exclusivamente o modelo branco. Freud identifica a expressão do amor a si mesmo, ou seja, o narcisismo, como elemento que trabalha para a preservação do indivíduo e que gera aversões ao que é estranho, diferente. É como se o diferente, o estranho, pusesse em questão o "normal", o "universal" exigindo que se modifique, quando se autopreservar remete exatamente à imutabilidade. Assim, a aversão e a antipatia surgem. Esse processo de considerar o seu grupo como padrão universal de humanidade, e se sentir ameaçado pelos que estão fora deste padrão foi estudado, a partir de outro ângulo, por Edward W. Said " [...] temos um *Homo sinicus*, um *homo arábicus* (e por que não?, um *homo aegypticus* etc.), um *Homo africanus*, e o homem, o homem normal, bem-entendido, fica sendo o homem europeu do período histórico, isto é, desde a antiguidade grega" (Said, 1990: 107).

Em sua obra, *Orientalismo: Oriente como invenção do Ocidente* (1990), Said estuda a europeização analisando o olhar do europeu sobre os não europeus. Ele desenvolve seu estudo revelando a maneira pela qual, do século XVIII ao século XX, a hegemonia das minorias possuidoras e o antropocentrismo são acompanhados pelo eurocentrismo na área das ciências sociais e humanas, e naquelas áreas mais diretamente relacionadas com os povos não europeus. Assim, o homem europeu ganhou, em força e identidade, uma espécie de identidade substituta, clandestina, subterrânea, colocando-se como o "homem universal" em comparação com os não europeus.

O olhar do europeu transformou os não europeus em um diferente e muitas vezes ameaçador Outro. Este Outro, construído pelo europeu, tem muito mais a ver com o europeu do que consigo próprio.

Esses dois processos – ter a si próprio como modelo e projetar sobre o outro as mazelas que não se é capaz de assumir, pois maculam o modelo – são processos que, sob certos aspectos, podem ser tidos como absolutamente normais no desenvolvimento das pessoas. O primeiro está associado ao narcisismo e, o segundo, à projeção. No entanto, no contexto das relações raciais eles revelam uma faceta mais complexa porque visam justificar, legitimar a ideia de superioridade de um grupo sobre o outro e, consequentemente, as desigualdades, a apropriação indébita de bens concretos e simbólicos, e a manutenção de privilégios. Ambos os processos serão tratados mais adiante.

Nesta altura, destacamos um outro elemento importante que está na gênese desses processos, e que é ressaltado por vários estudiosos das relações raciais no Brasil: *o medo*. Esta forma de construção do Outro a partir de si mesmo, é uma forma de paranoia que traz em sua gênese o medo. O medo do diferente e, em alguma medida, o medo do semelhante a si próprio nas profundezas do inconsciente. Desse medo que está na essência do preconceito e da representação que fazemos do outro é que nos fala também Célia Marinho de Azevedo em sua obra *Onda negra, medo branco* (1987).

O estudo de Azevedo evidencia como o ideal do branqueamento nasce do medo, constituindo-se na forma encontrada pela elite branca brasileira do final do século passado para resolver o problema de um país ameaçador, majoritariamente não branco.

Esse medo do negro que compunha o contingente populacional majoritário no país gerou uma política de imigração europeia por parte do Estado brasileiro, cuja consequência foi trazer para o Brasil 3,99 milhões de imigrantes europeus, em trinta anos, um número equivalente ao de africanos (4 milhões) que haviam sido trazidos ao longo de três séculos.

Azevedo investiga essa dimensão histórica do medo de "[...] toda uma série de brancos esfolados ou bem-nascidos e bem-pensantes que, durante todo o século XIX, realmente temeram acabar sendo tragados pelos negros mal-nascidos e mal-pensantes [...]" (1987, p. 18).

Do medo do outro

> *"Quando a civilização europeia entrou em contato com o negro, [...] todo o mundo concordou: esses negros eram o princípio do mal [...] negro, o obscuro, a sombra, as trevas, a noite, os labirintos da terra, as profundezas abissais [...]"* (Fanon, 1980: 154)

Fanon (1980) discorre sobre o medo do europeu frente ao africano, e destaca que esse medo era o medo da sexualidade. Como a igreja europeia condenava pesadamente a sexualidade, esta dimensão sexual era negada pelo europeu e projetada sobre o negro e as mulheres, provocando inúmeros genocídios ao longo dos séculos.

Jean Delumeau (1989) fez um brilhante estudo sobre a história do medo no Ocidente, focalizando particularmente a Europa. Ele destaca que o historiador não precisa procurar muito para identificar a existência do medo no comportamento dos grupos, em particular o medo das elites diante dos considerados despossuídos, desde os povos tidos como primitivos até as sociedades contemporâneas. A partir desse estudo podemos iluminar o grande medo gerado pelo negro, na elite branca brasileira, que não por coincidência tinha ascendência europeia, e que não por coincidência na época era protagonista de uma intensa importação das teorias raciais da Europa.

Delumeau se pergunta se certas civilizações foram ou são mais temerosas que outras, em particular a civilização europeia. A outra pergunta é se os europeus, atormentados pelas epidemias, a exemplo das civilizações antigas, não repetiram várias vezes, entre os séculos XIV e XVIII, a sangrenta liturgia de tentar apaziguar divindades encolerizadas por meio de sacrifícios humanos.

As epidemias que devastaram a Europa nos séculos XVI e XVII, em particular na Itália, na França e na Inglaterra, vitimaram 1/3 dos europeus, gerando um grande medo e, como consequência, a busca pelos culpados, que estavam em primeiro plano na vizinhança, nas aldeias próximas ou entre clãs rivais, no interior de uma mesma localidade.

Os culpados potenciais, sobre os quais voltou-se a agressividade coletiva, foram os considerados "estrangeiros", os viajantes, os marginais e todos aqueles que não estavam bem integrados a uma comunidade e, por esse motivo, eram, em alguma medida, suspeitos.

O temor do povo aparecia tanto na cidade como no campo, no medo mais concreto dos mendigos. Observa-se que, ao longo dos séculos, os que mais geraram temor foram os "homens supérfluos", essas vítimas da evolução econômica excluídas pela ação metódica dos aglutinadores de terras; trabalhadores rurais no limite da sobrevivência em razão do crescimento demográfico e das frequentes penúrias; operários urbanos atingidos pelas recessões periódicas e pelo desemprego. Todos esses verdadeiros mendigos proliferavam em maior número em épocas de crise, uma das quais eclodiu às vésperas da Revolução Francesa.

Delumeau chama a atenção para o fato de que é uma atitude suicida, da parte de um grupo dominante, encurralar uma categoria de dominados no desconforto material e psíquico. Essa recusa do amor e da "relação" não pode deixar de gerar medo e ódio. Os "vagabundos" do Antigo Regime, os rejeitados dos quadros sociais, engendraram em 1789 o *Grande medo* dos proprietários, até mesmo os modestos e, consequentemente, a ruína dos privilégios jurídicos sobre os quais estava fundada a monarquia. A política do *apartheid* criou no sul da África verdadeiros paióis cuja explosão gerou batalhas sangrentas.

As inibições, repressões e fracassos vividos por um grupo geram nele cargas de rancor que podem explodir, da mesma maneira que, em nível individual, o medo ou a angústia liberam e mobilizam no organismo forças incomuns.

Pode-se considerar uma pedagogia de choque a ação da Igreja na Europa, que fomentou essa violência entre os grupos ao buscar substituir, por meio de medos teológicos, a pesada angústia coletiva resultante de estresses acumulados. A Igreja tentou compartilhar com as populações seus temores, intrometendo-se na vida cotidiana da civilização ocidental (na época clássica, ela invadirá tanto os testamentos de modestos artesãos quanto a alta literatura, inesgotável no tema da graça). Não só a Igreja, mas também o Estado (estreitamente ligado a ela) reagiram, num período de perigo, contra uma civilização rural e pagã, qualificada de satânica. As mulheres eram satanizadas, e a caça às bruxas é um exemplo acabado desse processo; os negros, os judeus, os mendigos, todos eram mensageiros de satã e podiam ser violentados, queimados etc.

Há uma coincidência cronológica entre a grande caça às feiticeiras que ensanguentou o Velho Mundo, a batalha contra a peste e a luta sem trégua conduzida além do Atlântico contra negros e índios considerados como pagãos. De um lado e de outro, perseguia-se o mesmo inimigo – satã – e usando a mesma linguagem e as mesmas condenações. Legislações perseguindo mendigos foram repetidas e agravadas em toda a Europa, traduzindo o duradouro sentimento de insegurança que oprimiu durante séculos os habitantes estáveis das cidades e dos campos.

Um exemplo é o estatuto de 1553, determinando que mendigos seriam perseguidos, transferidos aos tribunais do juiz de paz, fustigados até sangrar, depois reenviados aos lugares de seu nascimento. O ato de 1547, ainda mais duro, estipulava que qualquer homem que ficasse três dias sem trabalhar seria marcado com ferro em brasa, depois entregue como servo por dois anos, seja ao denunciante, seja à sua comuna de origem.

As explosões periódicas de medo acompanham a história europeia do final do século XIII ao começo da era industrial.

Em nosso tempo, o fascismo e o nazismo beneficiaram-se dos alarmes dos possuidores de rendas e dos pequenos burgueses que temiam as perturbações sociais, a ruína da moeda e o comunismo. As tensões raciais na África do Sul e nos Estados Unidos são manifestações dos medos que atravessam e dilaceram nosso mundo.

Uma coletividade, em geral incitada pela sua elite, posiciona-se como vítima e justifica antecipadamente os atos de injustiça que não deixará de executar. Imputando aos acusados toda espécie de crimes e de vícios, ela se purifica de suas próprias intenções turvas e transfere para outrem o que não quer reconhecer em si própria. Num tempo em que a Igreja reprimia pesadamente a sexualidade, em particular a da mulher encarada como mensageira de satã, a libido transformou-se em agressividade. Seres sexualmente frustrados colocaram diante de si bodes expiatórios que podiam desprezar e acusar em seu lugar. A estreita solidariedade dos comportamentos elitistas da classe dominante é visível, uma vez que esses bodes expiatórios eram frequentemente os pobres, chamados "vagabundos agressivos, desprovidos de terra e de salário".

A intensificação desse processo, na atualidade, é um dos destaques que Mariangela Belfiore Wanderley (1999) aponta, à medida que personagens considerados incômodos politicamente, os "descamisados de Collor"–, e podemos acrescentar aqui os "sem", sem-terra, sem-teto e tantos outros passam a ser representados como seres perigosos, verdadeiras ameaças sociais, pois, além de pobres são bandidos potenciais e, além disso, desnecessários economicamente, pois são despreparados e dificilmente conseguirão obter emprego.

Assim, o medo e a projeção podem estar na gênese de processos de estigmatização de grupos que visam legitimar a perpetuação das desigualdades, a elaboração de políticas institucionais de exclusão e até de genocídio. Adorno e Horkheimer (1985) destacam que os mais poderosos impérios sempre consideraram o vizinho mais fraco como uma ameaça insuportável, antes de cair sobre eles. Afirmam que o desejo obstinado de matar engendra a vítima; dessa forma ela se torna o perseguidor que força a legítima defesa.

Esse medo assola o Brasil no período próximo à Abolição da Escravatura. Uma enorme massa de negros libertos invade as ruas do país, e tanto eles como a elite sabiam que a condição miserável dessa massa de negros era fruto da apropriação indébita (para sermos elegantes), da violência física e simbólica durante quase quatro séculos, por parte dessa elite.

É possível imaginar o pânico e o terror da elite que investe, então, nas políticas de imigração europeia, na exclusão total dessa massa do processo de industrialização que nascia e no confinamento psiquiátrico e carcerário dos negros.

Maria Clementina Pereira Cunha, em seu livro *O espelho do mundo – Juquery, a história de um asilo* (instituição que, "por coincidência", foi criada em período próximo ao final da Abolição), mostra que as mulheres internas, quase todas negras, eram citadas nos laudos como degeneradas em razão das características raciais: "Os estigmas de degeneração física que apresenta são os comuns à sua raça: lábios grossos, nariz esborrachado, seios enormes e pés chatos" (1988: 124). Quando eram encontradas viajando sozinhas essas mulheres recebiam o diagnóstico de ninfomaníacas.

Jurandir Costa[8] analisa esse período da psiquiatria no Brasil apontando-a como racista, moralista, xenófoba, desejosa de imobilizar um povo tido como degenerado e insubordinado. Essa psiquiatria, como nos mostra Patto, apoiava-se na antropologia criminal de Lambroso, psiquiatra italiano que acreditava que as proporções do corpo eram o espelho da alma.

O biotipo do criminoso nato de Lambroso era o biótipo do negro, eram os negros que estavam, sob o rótulo de criminosos, presos nas casas de detenções, submetidos à mensuração. Patto chama nossa atenção para o fato de que estas são as bases de uma psicologia que se faz presente até hoje, que explica as condições dos que vivem em desvantagem, tidos como perdedores a partir de distúrbios ou deficiências presentes em seu aparato físico ou psíquico, absolutamente naturalizados. Ela lembra, por exemplo, que os hospitais psiquiátricos no Brasil, desde o começo do século, são lugares de exclusão, de confinamento e, principalmente, de extermínio, com uma taxa de mortalidade em torno de 80% a 90%. Os psiquiatras são citados por ela como nossos ancestrais, pois fo-

---

8. Apud Patto (1997).

ram os primeiros a trazer a psicologia que se aplicava na Europa no século XIX. Patto (1997) vai mostrar que a Liga Brasileira de Higiene Mental, formada por psiquiatras no Rio de Janeiro, defendia a esterilização dos degenerados, entre os quais estavam incluídos os negros alcoólatras, os tuberculosos, os sifilíticos, os loucos e os infratores. Não só os zelosos médicos e psiquiatras estavam preocupados com o confinamento dos considerados "fora da norma", mas também os deputados das assembleias legislativas de todo o país apresentavam ousadas propostas de imigração massiva de europeus, objetivando uma miscigenação que levaria à assimilação e ao desaparecimento do negro.

Azevedo (1987) destaca a tese de Sylvio Romero, crítico literário, promotor, juiz e deputado:

> A minha tese, pois, é que a vitória na luta pela vida, entre nós, pertencerá no porvir ao branco; mas que este, para essa mesma vitória, atento às agruras do clima, tem necessidade de aproveitar-se do que é útil às outras duas raças lhe podem fornecer, máxime a preta, com que tem mais cruzado. Pela seleção natural, todavia, depois de prestado o auxílio de que necessita, o tipo branco irá tomando a preponderância até mostrar-se puro e belo como no velho mundo. Será quando já estiver de todo aclimatado no continente. Dois fatos contribuirão largamente para tal resultado: de um lado a extinção do tráfico africano e o desaparecimento constante dos índios, e de outro a imigração europeia! (p. 90s.).

Lilia Moritz Schwarcz também enfoca este período em *O espetáculo das raças* (1993). Segundo ela, nossos cientistas sociais de então tinham um sério problema a resolver, ou seja, como contar a história de um país majoritariamente negro e mestiço, nascido e prosperado sob a égide da escravidão negra e, ao mesmo tempo, manter-se próximo aos moldes europeus de civilização que consideravam negros e mestiços não civilizados e não civilizáveis.

Schwarcz evidencia que, por meio de diferentes maneiras, o país era descrito como uma nação composta por raças miscigenadas, porém em transição. Essas raças passariam por um processo acelerado de cruzamento e seriam depuradas mediante uma seleção natural (ou talvez milagrosa), levando a supor que o Brasil seria algum dia branco. Ou seja, os negros seriam assimilados pelos brancos.

Projetar e assimilar

Esta ideia de assimilação, planejada e levada a efeito pela nossa elite branca do final do século XIX, parece associar-se à dimensão coletiva daquilo que Freud chamou de *o amor canibal*, que pressupõe incorporar ou devorar o outro.

Pode-se pensar também no ódio narcísico. O *ódio narcísico*, em relação aos *out-groups,* é explicado por Adorno e Horkheimer (1985) pela paranoia, também pautada nas defesas primitivas em que se expulsa tudo o que possa representar uma ameaça à autopreservação egoica. Chamam de "falsa projeção" o mecanismo por meio do qual o sujeito procura livrar-se dos impulsos que ele não admite como seus, depositando-os no outro. Aquilo, portanto, que lhe é familiar passa a ser visto como algo hostil e é projetado para fora de si, ou seja, na "vítima em potencial".

Representar o outro como arauto do mal serviu de pretexto para ações racistas em diferentes partes do mundo. A agressividade pôde ser dirigida contra esse inimigo comum (a outra raça), sentida como ameaça, ainda que na maioria dos lugares ela não tivesse nenhum poder. Os sujeitos perdem a capacidade de discernir entre o que é deles e o que é alheio, e então tudo vira falsa-projeção, exterioridade. Sob a pressão do superego, o *ego* projeta no mundo exterior, como intenções más, os impulsos agressivos que provêm do *id* e que, por causa de sua força, constituem uma ameaça para ele próprio. Ao projetar os impulsos consegue se livrar deles e, ao mesmo tempo, reagir a eles, como algo que pertence ao mundo exterior. É um tipo de paranoia que caracteriza frequentemente quem está no poder e tem medo de perder seus privilégios. Assim, projeta seu medo e se transforma em caçador de cabeças.

Na representação do negro brasileiro este fenômeno é transparente segundo o que se pode observar nos estudos de Octavio Ianni (1972), Fúlvia Rosemberg (1985), Ana Célia da Silva (1991) e muitos outros que se ocupam desse tema, no Brasil. Estes estudos revelam que, na comunicação visual, o negro aparece estigmatizado, depreciado, desumanizado, adjetivado pejorativamente, ligado a figuras demoníacas.

Franz Fanon (1980), psicanalista negro, num extenso estudo feito com europeus, enfatiza o processo de projeção na construção do preconceito racial do branco contra o negro. Durante quatro anos, ele interrogou cerca de 500 indivíduos da raça branca: franceses, alemães, ingleses, italianos. Quase seis décimos das respostas apresentavam-se desta forma: negro = biológico, sexo, forte, esportista, potente, boxeador, selvagem, animal, diabo, pecado, terrível, sanguinário, robusto. Ou seja, ter fobia do negro é ter medo do biológico, pois o negro só é visto como ser biológico. Fanon explica que, para o africano, não há esse medo do biológico. O ato sexual é apresentado como natural. O africano continuará sempre, durante toda a sua vida, a ter presente no espírito esta noção, enquanto que o europeu conservará inconscientemente um complexo de culpabilidade, que nem a razão nem a experiência jamais conseguirão fazer desaparecer completamente. Assim, o africano tende a considerar sua vida sexual como um ramo de sua vida fisiológica, como comer, beber e dormir. Ele chama a atenção ainda para o fato de que as representações que os europeus têm sobre os negros estão matizadas de sexualidade: " [...] no inconsciente europeu foi elaborado um crescendo excessivamente negro onde estão adormecidas as pulsões mais imorais, os desejos menos confessáveis" (1980: 154).

Para Fanon, o negro representa o perigo biológico. O judeu, o perigo intelectual. Ele afirma que nas representações ligadas à sexualidade, o negro é senhor. É o especialista da questão: quem diz *estupro* diz *negro*.

Quando Sartre discorre sobre a sexualidade do negro, ele acrescenta um elemento que, segundo Adorno e Horkheimer (1985), está profundamente ligado às falsas projeções: a fertilidade das minorias. Essa é uma preocupação bastante visível, particularmente no caso do Brasil; o temor gerado pela constatação de que o negro compunha o contingente populacional brasileiro majoritário, no princípio do século, segundo estudos de Azevedo (1987) e Schwarcz (1993), e que poderia "engolir" os brancos.

Talvez possamos concluir que uma boa maneira de se compreender melhor a branquitude e o processo de branqueamento é entender a projeção do branco sobre o negro, nascida do medo, cercada de silêncio, fiel guardião dos privilégios.

O que se vê comprometido nesse processo é a própria capacidade de identificação com o próximo, criando-se, desse modo, as bases de uma intolerância generalizada contra tudo o que possa representar a diferença.

Podemos levantar a hipótese de que, nas relações raciais hierarquizadas, o que ocorre é o oposto, e de certa forma similar, ao que ocorre no amor narcísico. O amor narcísico está relacionado com a identificação, tanto quanto o ódio narcísico com a desidentificação. O objeto do nosso amor narcísico é "nosso semelhante", depositário do nosso lado bom. A escolha de objeto narcísica se faz a partir do modelo de si mesmo, ou melhor, de seu ego: ama-se o que se é, ou o que se foi, ou o que se gostaria de ser, ou mesmo a pessoa que foi parte de si. Por outro lado, o alvo de nosso ódio narcísico é o outro, o "diferente", depositário do que consideramos nosso lado ruim.

Adorno et al. (1965) destacaram a projeção presente no etnocentrismo, ao desenvolver uma extensa série de estudos que desemboca na teoria de *A personalidade autoritária*. Esta teoria tem a psicologia profunda como base de estudos da ideologia. Um dos pontos de partida desse enfoque é o de que características humanas essenciais, como o medo, a rigidez, os ressentimentos, a desconfiança, a insegurança são reprimidas e projetadas sobre o Outro, o desconhecido, o diferente. Sociedades muito repressoras, que punem ou censuram a expressão de aspectos humanos fundamentais considerados negativos, favorecem a proliferação de pessoas que podem negar partes de si próprias, projetá-las no Outro e dirigir sua agressividade contra o Outro.

Segundo Adorno e Horkheimer (1985), de certa forma, perceber é projetar. O fenômeno da projeção é, na verdade, uma herança de nossa pré-história animal, um mecanismo para se conseguir proteção e comida, a ampliação da combatividade com que as espécies animais superiores reagiam ao movimento, com prazer ou desprazer e independentemente da intenção do objeto. A projeção tornou-se reflexa nos humanos tal como as outras funções de ataque e proteção. No entanto, na sociedade humana, a pessoa necessita controlar a projeção; ela tem que aprender simultaneamente a aprimorá-la e a inibi-la.

A doença, de fato, não é o comportamento projetivo em si, mas a inexistência da reflexão que o caracteriza. A projeção patológica ou falsa projeção é, segundo a psicanálise, a transferência dos impulsos socialmente condenáveis do sujeito para o objeto. Se uma pessoa afirma que alguém quer atacá-la e não existe nenhuma prova de que esta afirmação é verdadeira, temos boas razões para suspeitar que é ela mesma que tem intenções agressivas e procura justificá-las pela projeção. Kaes (1997) aborda essa questão a partir do grupo, argumentando que o pressuposto básico luta e fuga, repousa sobre a fantasia coletiva de atacar ou de ser atacado. O grupo está convicto de que existe um mau objeto encarnado por um inimigo. Esse inimigo poderá ser abertamente atacado, ou constituir-se em alvo de discriminação cotidiana. Os benefícios oriundos da discriminação são permanentemente negados ou justificados por explicações estruturais.

Narcisismo e brancura

> O ciclo fechado do que é eternamente idêntico torna-se o sucedâneo da onipotência. É como se a promessa, feita pela serpente aos primeiros homens, de se tornarem iguais a Deus houvesse sido resgatada com o paranoico, que cria o mundo todo segundo sua imagem (Adorno & Horkheimer, 1985).

O que se pode observar é que, na problemática racial brasileira, não é coincidência o fato de que os estudos se refiram ao "problema do negro brasileiro", sendo, portanto, sempre unilaterais.

Ou bem se nega a discriminação racial e se explica as desigualdades em função de uma inferioridade negra, apoiada num imaginário no qual o "negro" aparece como feio, maléfico ou incompetente, ou se reconhece as desigualdades raciais, explicadas como uma herança negra do período escravocrata. De qualquer forma, os estudos silenciam sobre o branco e não abordam a herança branca da escravidão, nem tampouco a interferência da branquitude como uma guardiã silenciosa de privilégios.

Assim, não é à toa que mesmo os pesquisadores mais progressistas não percebam o seu grupo racial, que implica um processo indiscutivelmente relacional. Não é por acaso a referência apenas a problemas do Outro, o negro, considerado diferente, específico, em contraposição ao humano universal, o branco. Esse daltonismo e cegueira caracterizam um estranho funcionamento de nossos cientistas e estudiosos, aqui incluídos psicólogos e psicanalistas, que conseguem investigar, problematizar e teorizar sobre questões referentes aos indivíduos de nossa sociedade de forma completamente alienada da história dessa sociedade, que já tem 400 anos.

Mas sempre há exceções. Edith Piza (1998) é uma das raras estudiosas brancas brasileiras que se dedicou ao estudo dos brancos.

Segundo ela, no discurso dos brancos é patente uma invisibilidade, distância e um silenciamento sobre a existência do outro "[...] não vê, não sabe, não conhece, não convive [...]". A racialidade do branco é vivida como um círculo concêntrico: a branquitude se expande, se espalha, se ramifica e direciona o olhar do branco.

Segundo as palavras de uma das suas entrevistadas "[...] ser branco [...] é não ter de pensar sobre isso [...] o significado de ser branco é a possibilidade de escolher entre revelar ou ignorar a própria branquitude [...] não nomear-se branca [...]"

Piza destaca alguns pontos sobre a branquitude:

– algo consciente apenas para as pessoas negras,

– há um silêncio em torno da raça, não é um assunto a ser tratado;

– a raça é vista não apenas como diferença, mas como hierarquia;

– as fronteiras entre negros e brancos são sempre elaboradas e contraditórias;

– há, em qualquer classe, um contexto de ideologia e de prática da supremacia branca;

– a integração entre negros e brancos é narrada sempre como parcial, apesar da experiência de convívio;

– a discriminação não é notada e os brancos se sentem desconfortáveis quando têm de abordar assuntos raciais;

– a capacidade de apreender e aprender com o outro, como um igual/diferente, fica embotada;

– se o negro, nas relações cotidianas, aparece como igual, a interpretação é de exibicionismo, de querer se mostrar.

Tatum (1992), psicóloga norte-americana, afirma que os brancos negam inicialmente qualquer preconceito pessoal, tendendo a posteriormente reconhecer o impacto do racismo sobre a vida dos negros, mas evitando reconhecer o impacto sobre as suas próprias vidas. Ela destaca o depoimento de uma das mulheres brancas que participava do curso sobre relações raciais na Universidade:

> Como uma pessoa branca, me dei conta de que pensava sobre racismo como alguma coisa que coloca outras pessoas em desvantagem, mas não tinha pensado no aspecto de seus resultados, o privilégio dos brancos, o que colocava em vantagem [...] Eu via o racismo somente como atos individuais de agressão, não como um sistema invisível conferindo dominância para o meu grupo.

Janet Helms (1990: 3) descreve a evolução de uma possível identidade racial branca não racista que pode ser alcançada se a pessoa aceitar sua própria branquitude, e as implicações culturais, políticas, socioeconômicas de ser branca, definindo uma visão do eu como um ser racial.

Ela identifica seis estágios no seu modelo de desenvolvimento da identidade racial branca: *contato, desintegração, reintegração, falsa independência, imersão/emersão* e *autonomia*.

O estágio inicial, de *contato*, geralmente inclui uma curiosidade primitiva ou medo de pessoas negras, baseada em estereótipos aprendidos com amigos, na família ou na mídia, cujo objetivo, dentre outros, era restringir a própria consciência das questões raciais e a interação com pessoas negras. Pessoas que estão nesse estágio, quando querem elogiar um negro, fazem comentários do tipo: *"Você não age como uma pessoa negra"* (p. 57).

Algumas dessas pessoas podem permanecer neste estágio definitivamente, porém, certos tipos de experiência (interação crescente com pessoas negras e novas informações sobre racismo), às vezes, levam a uma nova compreensão da existência do racismo institucional e cultural, o que pode assinalar o início do estágio de *desintegração*.

Neste estágio aparece o desconforto da culpa, vergonha e, algumas vezes, raiva diante da identificação de suas próprias vantagens por serem brancos e o reconhecimento do papel dos indivíduos brancos na manutenção do sistema racista.

Para reduzir este desconforto, as pessoas podem convencer a si próprias de que racismo realmente não existe ou, se existe, é culpa de suas vítimas.

Neste ponto, o desejo de ser aceito pelo seu próprio grupo racial, no qual a crença dissimulada ou explícita na superioridade branca está muito presente, pode levar a pessoa a readequar seu sistema de crenças para tornar-se mais coerente com a aceitação do racismo.

A culpa e a ansiedade associadas com a *desintegração* podem ser redirecionadas sob a forma de medo e raiva contra negros, que são agora acusados de ser fonte de mal-estar emocional.

Helms (1990) sugere que é realmente fácil para brancos ficarem paralisados no estágio de *reintegração*, particularmente se é possível evitar negros. Todavia, se há um catalisador para continuar a autorreflexão, a pessoa questiona sua definição de ser branco e a justificação do racismo.

O indivíduo experimenta, então, um senso de alienação em relação aos outros brancos que não examinaram o seu próprio racismo.

Desconfortável com sua própria branquitude, ainda incapaz de ser verdadeiramente qualquer coisa, o indivíduo pode buscar uma nova maneira, mais confortável, de ser branco. Esta busca é a característica do estágio de desenvolvimento *imersão/emersão*.

Finalmente, ler biografias e autobiografias de pessoas brancas que têm atravessado processos semelhantes de desenvolvimento da identidade oferece aos brancos modelos para mudança. Estudar sobre brancos antirracistas pode também oferecer aos negros a esperança de que é possível ter aliados brancos.

Para brancos, a internalização de uma nova percepção do que é ser branco é a tarefa básica do estágio de *autonomia*. Os sentimentos positivos associados a esta redefinição energizam os esforços pessoais para confrontar a opressão e o racismo na sua vida cotidiana. É um processo sempre em andamento, no qual a pessoa precisa estar continuamente aberta a novas informações e novas formas de pensar sobre variáveis culturais e raciais.

Os estudos de Piza e Helms são fundamentais porque nos auxiliam a focalizar o problema das relações raciais como um problema das relações entre negros e brancos e não como um problema do negro, como habitualmente se faz no Brasil; como se o branco não fôsse elemento essencial dessa análise, como se identidade racial não tivesse fortes matizes ideológicos, políticos, econômicos e simbólicos que explicam e, ao mesmo tempo, desnudam o silêncio e o medo.

Pactos narcísicos

> *O narcisismo solicita a cumplicidade narcísica do conjunto dos membros do grupo e do grupo em seu conjunto* (KAES, 1997: 262).

É compreensível o silêncio e o medo, uma vez que a escravidão envolveu apropriação indébita concreta e simbólica, violação institucionalizada de direitos durante quase 400 dos 500 anos que tem o país. Assim, a sociedade empreendeu ações concretas para apagar essa "mancha negra da história", como fez Rui Barbosa, que queimou importante documentação sobre esse período. Essa herança silenciada grita na subjetividade contemporânea dos brasileiros, em particular dos brancos, beneficiários simbólicos ou concretos dessa realidade.

No entanto, o silêncio não pode apagar o passado: esse tema é um permanente desconforto para os brasileiros e emerge quando menos se espera.

René Kaes (1997) pode nos auxiliar a problematizar o silêncio com relação a esse tipo de herança. Ele destaca, a partir de textos de Freud, que nada pode ser abolido sem que apareça, cedo ou tarde, como o sinal do que não foi, ou não pode ter sido reconhecido ou simbolizado pelas gerações precedentes.

Ele destaca a noção de uma transmissão intergeracional dos conteúdos inconscientes, a ideia de um recalcamento coletivo de um ato transgressivo cometido em comum, a hipótese de uma psique de massa, ou ainda a alma de grupo:

> Nascemos para o mundo já como membros de um grupo, ele próprio encaixado em outros grupos e com eles conectado. Nascemos elos no mundo, herdeiros, servidores e beneficiários de uma subjetividade que nos precede e de que nos tornamos contemporâneos: seus discursos, sonhos, seus recalcados que herdamos, a de que servimos e que nos servimos, fazem de cada um de nós os sujeitos do inconsciente submetidos a esses conjuntos, partes constituídas e constituintes desses conjuntos (p. 95).

Kaes ressalta que, segundo Freud, a psicologia dos povos existe como consequência da transmissão dos processos psíquicos de uma geração para outra. Caso contrário, cada pessoa estaria obrigada a recomeçar seu aprendizado de vida.

A hipótese é que, na psique da massa, os processos psíquicos ocorram de forma similar aos que acontecem na psique individual. Uma tendência reprimida deixa um substituto, um traço, que prossegue sua trajetória até tomar corpo e significado para um sujeito singular. Este sujeito pode ser entendido como elo da cadeia dos "sonhos e dos desejos" não realizados das gerações que o precederam, ou seja, ele é o servidor, o beneficiário e o herdeiro da cadeia intersubjetiva da qual procede.

A psicanálise nos revelou que todo ser humano tem, na atividade inconsciente de sua mente, um aparelho que permite interpretar as reações dos outros seres humanos, corrigindo as deformações que o outro submeteu, e compreendendo os costumes, as cerimônias e os preceitos, enfim, a herança de sentimentos das gerações anteriores.

Com base nos escritos de Kaes, talvez possamos tentar compreender algo como o que Hasenbalg chamou de "acordo tácito" na sociedade brasileira, que é o de não falar sobre racismo e sempre encarar as desigualdades raciais como um problema do negro.

Talvez possamos ainda problematizar a noção de privilégio com a qual as pessoas raramente querem se defrontar, transformando-a rapidamente num discurso de mérito e competência que justifica uma situação privilegiada, concreta ou simbólica. Quando se deparam com informações sobre desigualdades raciais tendem a culpar o negro e, ato contínuo, revelar como merecem o lugar social que ocupam.

Kaes nos mostra que os produtos do recalque e os conteúdos do recalcado são constituídos por alianças, pactos e contratos inconscientes, por meio dos quais os sujeitos se ligam uns aos outros e ao conjunto grupal, por motivos e interesses superdeterminados. Esse acordo inconsciente ordena que não se dará atenção a um certo número de coisas: elas devem ser recalcadas, rejeitadas, abolidas, depositadas ou apagadas. Mas enfatiza que, ao possuir um ar de falsidade, elas possibilitam um espaço onde o possível pode ser inventado.

Branqueamento e identidade nacional

> *O ideal da brancura [...] nas condições atuais, é uma sobrevivência que embaraça o processo de maturidade psicológica do brasileiro e, além disso, contribui para enfraquecer a integração social dos elementos constitutivos da sociedade nacional* (Alberto Guerreiro Ramos).

Para finalizar esse breve ensaio sobre conexões possíveis entre branqueamento e branquitude no Brasil, seria interessante destacar alguns pontos que surgiram no percurso da construção do texto.

Primeiramente, o problema do branqueamento, abordado nas últimas quatro ou cinco décadas como um problema exclusivo do negro, nasce do medo da elite branca do final do século XIX e início do século XX, cujo objetivo é extinguir progressivamente o segmento negro brasileiro.

Como pudemos ver, Schwarcz (1993), Azevedo (1987) e tantos outros estudiosos evidenciam que, por meio de diferentes maneiras, o país era descrito como uma nação composta por raças miscigenadas, porém em transição. Havia uma expectativa de o Brasil tornar-se um país branco, como consequência do cruzamento de raças.

Esta visão não estava presente só na ciência, mas também nas artes, nos escritos dos pesquisadores, na imprensa, evidenciando uma resposta ao medo gerado pelo crescimento da população negra e mestiça que, segundo o Censo de 1972, chegava a 55% do total de brasileiros.

De certa maneira, desde o início do período colonial, o cruzamento racial foi a saída encontrada pela elite branca para resolver os diferentes problemas que a afligiam.

A relativa ausência de mulheres brancas e a subordinação da mulher na família foi, segundo Gilberto Freyre (1980), a justificativa para o homem branco procurar as mulheres índias e, mais tarde, as escravas africanas. Em sua obra *Casa grande e senzala*, Freyre identifica-se com os ideais da miscigenação e do branqueamento:

> [...] O problema do negro, entre nós, está simplificado pela miscigenação larga que alagou tudo, só não chegando a um ou outro resto mais só e isolado de quilombo ou a um outro grupo ou reduto

de brancos mais intransigente nos seus preconceitos de casta ou de raça (p. 649).

Em sua obra, Freyre postula que a distância social entre dominantes e dominados é modificada pelo cruzamento inter-racial que apaga as contradições e harmoniza as diferenças levando a uma diluição de conflitos. Ao postular a conciliação entre as raças e suavizar o conflito, ele nega o preconceito e a discriminação, possibilitando a compreensão de que o "insucesso dos mestiços e negros" deve-se a eles próprios. Desta forma, ele fornece à elite branca os argumentos para se defender e continuar a usufruir dos seus privilégios raciais. Estes postulados constituem a essência do famigerado mito (ou ideologia) da democracia racial brasileira. Esse mito, ao longo da história do país, vem servindo ao triste papel de favorecer e legitimar a discriminação racial.

O branqueamento passa a ter um outro tratamento a partir de meados de 1940, quando surge, na Universidade de São Paulo, um grupo de estudiosos tais como Florestan Fernandes, Octavio Ianni, Fernando Henrique Cardoso, Roger Bastide, que vão desenvolver importantes estudos sobre as relações raciais no Brasil. Tratando da Revolução Burguesa como fenômeno estrutural, cujos interesses em formação e expansão no Brasil apontavam novas formas de organização do poder, eles procuraram contextualizar a situação do trabalhador negro e iniciaram um processo de desmitificação da ideologia da democracia racial brasileira. O valor da obra de Florestan Fernandes, *A integração do negro na sociedade de classes*, publicada em 1965, é imenso porque revela uma sociedade profundamente desigual. Não só por essa contribuição, mas também pela sua trajetória de compromisso indiscutível com o combate à violação dos direitos do povo negro, Florestan Fernandes, juntamente com Octavio Ianni, provavelmente estão entre os intelectuais mais respeitados pelo movimento negro que frequentemente os convida para participar de eventos, seminários, debates com a esquerda do movimento negro.

Justamente devido a essa trajetória de vida e de compromisso tão absolutamente inatacáveis, os escritos desses intelectuais permitem uma análise cristalina de algumas dimensões da branquitude no Brasil. Assim, a omissão ou a abordagem simplista do papel que o branco ocupa, como branco, na perpetuação das desigualdades raciais, que se observa nas primeiras publicações desses autores (em geral, as mais citadas nos textos de outros pesquisadores), auxiliam a compreender alguns sinais da branquitude.

Ao ler os dois volumes de *A integração do negro na sociedade de classes,* de Florestan Fernandes, fica visível a indignação com o racismo, a violência da escravidão e as consequências desta violência sobre o negro; no entanto, ele praticamente deixou de fora o branco, como branco. Ele fala frequentemente sobre as consequências, o impacto da escravidão sobre o negro e cita, inclusive, a palavra "deformação": "a escravidão deformou o seu agente de trabalho, impedindo que o negro e o mulato tivessem plenas possibilidades de colher os frutos da universalização do trabalho livre em condições de forte competição imediata com outros agentes humanos" (1978, v. I: 52). No entanto, Florestan não aborda a deformação que a escravidão provocou na personalidade do branco. Aliás, a decisão de escravizar ou a omissão frente ao sistema escravocrata já carrega em si indiscutíveis sinais de deformidade moral e ética. Como um estudioso de sua envergadura pôde deixar de analisar detidamente essa dimensão tão explícita do grupo branco, ao mesmo tempo em que conseguiu debruçar-se sobre a "deformidade" negra?

Há uma outra questão que precisa ser destacada: vários estudiosos, como Nina Rodrigues (1894) e outros, achavam que o negro era inferior e por isso foi escravizado.

Florestan Fernandes não concorda com essa ideia de inferioridade negra, no entanto, ao afirmar que o negro escravizado acabou deformado, acaba por atribuir inferioridade ao negro.

Ele vai mostrar ainda que, dentro do contexto da época, se os negros queriam se emancipar, ultrapassar as barreiras da discriminação, teriam de superar por conta própria os inconvenientes da pobreza, da inércia sociocultural, ou então eles se condenariam a eternizar o estado da discriminação racial; quanto ao lugar do branco neste processo, ele destaca: " por paradoxal que pareça, foi a omissão do branco e não a ação que redundou na perpetuação do *status quo* ante" (1978, v. I: 250). Não podemos chamar de omissão o papel da elite branca de "virar as costas ao negro", tendo em vista que ela virou as costas sim, mas sem deixar de carregar consigo toda a riqueza produzida em quase quatro séculos de trabalho escravo.

A exclusão e a marginalização do negro foram interpretadas também como resultado de seu despreparo: "o isolamento econômico, social e cultural do negro com suas indiscutíveis consequências funestas foi um produto natural de sua incapacidade relativa de sentir, pensar e agir socialmente como um homem livre" (p. 95).

Outrossim, a monopolização dos postos de trabalho pelos imigrantes europeus, na sociedade de classes que emergia, interpretado como fruto de um melhor preparo desses imigrantes, foi posteriormente contestado por vários estudiosos. Na verdade, o que se deu foi a mais cristalina discriminação racial com o objetivo explícito, como veremos mais adiante, de excluir o negro, uma vez que os imigrantes que aqui vieram tinham o mesmo nível de preparo que o negro. Assim, omissão e inércia não são bons conceitos para caracterizar a atitude da elite branca da época. O que se pode observar é que uma questão de fundo sempre permanece: a dificuldade de olhar para o seu grupo.

> Entenda-se que nada disso nascia ou ocorria sobre o propósito (declarado ou oculto) de prejudicar o negro. Na mais pura tradição brasileira, tal coisa não se elevava à esfera da consciência social e onde se descobrisse algo parecido, nas atitudes, nos comportamentos de certos imigrantes e discriminações anacrônicas mantidas em determinadas situações, desses mesmos círculos sociais partia o grito de alarme e de reprovação categórica (p. 252).

Ou seja, a ação racista aparece como algo isolado, de um ou outro fanático racista, e não como uma ação sistemática, constante, que impedia a inserção e a ascensão do negro na sociedade de classes. Ele destaca que essa omissão do branco, essa inércia em nossa sociedade permite concluir que "a cidade não foi especialmente desumana ou hostil ao negro, ela repeliu neste o escravo e o liberto, por não possuírem os atributos psicossociais requeridos para a organização do horizonte cultural e do comportamento social do homem livre" (p. 93). A pergunta que se pode fazer é: por acaso o ex-senhor, o ex-escravocrata tinha esses atributos psicossociais de comportamento de homem livre?

Fernandes aponta as tentativas de integração e ascensão social feitas pelos negros como sintoma do seu desejo de branquear, uma vez que define essa sociedade de classes como "mundo dos brancos". Em um trecho do seu livro *A integração do negro na sociedade de classes*, Fernandes chama de

> "negro trânsfuga" a esse "mestiço" (e, com frequência, "mulato claro"), que age como super-branco. Como o "negro ordeiro", esse "negro que sobe" constrói um super-ego ideal como resposta à imagem estereotipada do negro. Às vezes, no entanto, ele pode exagerar, transformando-se na exceção que confirma a regra e em lacaio dos brancos.

Fernandes fala, ainda, do *self-made man do meio negro* que pode acomodar-se ao preconceito de cor e amoldar-se até as suas manifestações mais chocantes (p. 454).

Octavio Ianni (1972) analisa e define o branqueamento a partir de um estudo realizado sobre a situação de contato racial em Florianópolis. Segundo ele "as ações dos indivíduos de cor, com referência aos brancos, orientam-se em dois sentidos: integração e ascensão social" (p. 153). Ianni afirma que analisar o ideal de branqueamento é enfocar um dos padrões fundamentais envolvidos na constituição das famílias de negros e mulatos.

Ele afirma que "branquear é uma aspiração universal. Negros, mulatos escuros e mulatos claros, todos querem branquear". Quanto ao casamento inter-racial, Ianni ressalta que "o simples casamento com indivíduo mais claro já satisfaz o mais escuro. Ter descendentes mais claros é motivo de orgulho" (p.123).

Diversas formas de ascensão, no caso dos negros, são entendidas como branqueamento: "[...] alguns tipos de ocupações facilitam a ascensão social e econômica ou permitem a entrada em grupos mais fechados de brancos de camadas mais elevadas [...] Apresentar-se trajado conforme os padrões do vestuário de uma determinada classe social" (p. 123).

Mesmo que ao longo de suas trajetórias Florestan Fernandes e Octavio Ianni tenham feito uma outra abordagem sobre o branco, ainda assim para a esquerda ou para os progressistas, interessou este quadro em que se podia reconhecer as desigualdades, em que se podia tratar o problema do negro, mas sem abordar o branco brasileiro. Infelizmente, por serem clássicos dos mais citados na literatura das relações raciais, muitos estudos posteriores tratam de um problema negro no Brasil.

A partir da perspectiva dos estudiosos da chamada *escola paulista*, constata-se como o branqueamento é legitimado como um problema do negro e expressa uma forma de manipulação do negro, visando a integração e a ascensão sociais.

No entanto, o desejo da "europeização" expresso por essa elite evidencia que não só os negros se sentem desconfortáveis com a sua condição racial, mas o próprio branco brasileiro desejava e deseja ainda hoje (cf. os meios de comunicação de massa) perder-se no Outro, o europeu ou o norte-americano. Isso torna o problema do branqueamento uma questão que atinge a todos os brasileiros.

Não temos só um problema de perda de identidade negra, mas um problema de nacionalidade: quem quer ser brasileiro? Como o negro brasileiro se representa e é representado? Como o branco brasileiro se representa e é representado?

Se, como diz Hasenbalg (1979), o Brasil não é um terreno fértil para o surgimento do orgulho racial, parece também não o ser para o florescimento do orgulho nacional!

Um segundo ponto a considerar é o fato de que o período em que a teoria do branqueamento ganha força coincide com o período do início da industrialização no Brasil.

Nesse período, a população do país é majoritariamente negra e está liberta, constituindo-se numa poderosa reserva de força de trabalho que deve ter gerado o medo, não só o medo do diferente, mas o medo do diferente que poderia monopolizar os postos de trabalho. Então esse diferente ameaçador ou foi tratado como um ser despreparado para integrar a sociedade de classes ou como um trânsfuga que manipulava sua condição racial para poder ascender.

Não é por acaso que todos os estudos que tratam da problemática do branqueamento no negro associam-na ao desejo de ascensão social.

Branqueamento e ascensão social aparecem como sinônimos quando relacionados ao negro. Parece-nos que isso decorre do fato de que essa sociedade de classes se considera, de fato, como um "mundo dos brancos" no qual o negro não deve penetrar.

O estudo de Bento (1992) vem confirmar outros estudos anteriores que evidenciam que, quanto mais ascende, mais o negro incomoda. Considerando os diferentes momentos de trajetória profissional do negro estudados por Bento, aqueles em que as práticas discriminatórias ocorreram com mais intensidade e mais frequência foram os ligados à promoção profissional e à ocupação de cargos de comando. Estudos recentes publicados pelo Inspir – Instituto Sindical Interamericano pela Igualdade Racial – são contundentes em revelar que quanto mais aumenta a escolaridade do negro mais a discriminação se revela nos diferenciais de remuneração entre negros e brancos. Ou seja, são os momentos em que o negro vai ascender, ou "trocar de lugar" com o branco. O negro fora de lugar. Isso pode significar que esse negro fora de lugar, isto é, ocupando o lugar que o branco considera exclusivamente dele, foi escolhido como alvo preferencial de análises depreciativas nos estudos sobre branqueamento.

Assim, creio que é importante destacar a reflexão imprescindível sobre o lugar de onde fala o estudioso, do lugar de onde ele parte para fazer as análises que poderão orientar concepções e práticas de diversificados atores sociais.

Do lugar de onde se fala

> *A violência da relação originária entre o europeu branco invasor e violador da mulher índia ou negra permeou também a forma como uma cultura se impôs sobre a outra, como visões de mundo não brancas e não europeias foram amputadas, destruídas [...] estamos dentro do espectro europeu do conhecimento [...] no espaço branco da nossa mestiçagem* (MONTÁNHEZ, 1990: 2).

Em minha dissertação de mestrado ressaltei trechos de um texto muito interessante escrito por Montánhez (1990). Ela chama a atenção para o fato de que se o referencial do pesquisador está instalado naquilo que simbolicamente tem representado o poder masculino e europeu branco, este olhar é o do opressor, que desde a colonização buscou ocultar suas razões e seus interesses, desconsiderar ou deturpar as consequências de sua ação condenável, culpando e desvalorizando o colonizado. Estudos que se apoiam neste modo de ver o mundo caracterizam-se pela reconstrução de uma ação condenável destituída de sua carga de horror, por meio da racionalização dos motivos e dos fatos. Isto podemos verificar largamente nos estudos sobre o negro no Brasil.

Montánhez nos instiga a fazer diferente, a não optar pelo lugar do pai europeu, e sim, pelo da mãe índia ou negra. "Optar pela mãe" é procurar compreender a dominação do ponto de vista do dominado, permitindo-lhe explicitar seus próprios mecanismos de defesa e de ataque à dominação. É, também, considerar essa fala como elemento constitutivo da relação entre dominador e dominado e não como fonte de confirmação das "constatações" do olhar masculino branco. É tentar desvelar a contradição e o conflito que as relações estabelecem, sem escamoteá-los, justificá-los ou excluí-los.

Assim, ainda que o branqueamento se constitua numa invenção da elite branca para enfrentar o medo do grande contingente populacional negro e, posteriormente, afigure-se como uma resposta à ascensão negra, não há como negar seu impacto sobre a população negra. É importante tentar compreender *também* o que ocorre com o negro no processo de branqueamento. Neuza Souza (1983), psicanalista negra, chama a atenção para impacto da ideologia do branqueamento sobre a personalidade do negro. Ela parece compreender o branqueamento do negro não como manipulação, mas sim como a construção de uma identidade branca que o negro em processo de ascensão foi coagido a desejar.

Ela afirma: "para o psiquismo do negro em ascensão, que vive o impasse consciente do racismo, o importante não é saber viver e pensar o que poderia vir a dar-lhe prazer, mas o que é desejável pelo branco" (p. 7). Souza é enfática em salientar, em seu estudo, o sofrimento do negro nessa questão de branqueamento, entendida por ela como inevitável no processo de ascensão.

Diferentes estudiosos têm se preocupado com a maneira como os negros foram e vêm sendo atingidos pela ideologia do branqueamento no Brasil. A militância negra tem destacado persistentemente as dificuldades de identificação racial como um elemento que denuncia uma baixa autoestima e dificulta a organização negra contra a discriminação racial.

Assim, compreender o *branqueamento* versus *perda de identidade* é fundamental para o avanço na luta por uma sociedade mais igualitária. Porém, esse estudo tem mais possibilidades de ser bem-sucedido se abarcar a relação negro e branco, herdeiros beneficiários ou herdeiros expropriados de um mesmo processo histórico, partícipes de um mesmo cotidiano onde os direitos de uns são violados permanentemente pelo outro. A insustentabilidade ética e moral dessa realidade cresce incessantemente, em particular nos últimos 20 anos, tempo em que o Movimento Negro tem colocado sob fogo cruzado a violação de direitos do povo negro e tem explicitado a verdadeira cara desse país. Esse movimento gera condições não só para a recriação das identidades e, consequentemente, o deslocamento das fronteiras, mas possibilita um encontro do país consigo próprio, com sua história, com seu povo, com sua identidade.

Referências

ADORNO, T.W. et al. (1965). *La personalidad autoritaria*. Buenos Aires: Proyección.

ADORNO, T.W. & HORKHEIMER, M. (1985). *Dialética do esclarecimento*: fragmentos filosóficos. Rio de Janeiro: Jorge Zahar.

AMARAL, M.G.T. do (1997). *O espectro de narciso na modernidade*: de Freud a Adorno. São Paulo: Estação Liberdade.

AZEVEDO, C.M.M. de (1987). *Onda negra medo branco*: o negro do imaginário das elites do século XIX. Rio de Janeiro: Paz e Terra.

BERRIEL, M.M. de (1988). *A identidade fragmentada*: as muitas maneiras de ser negro. São Paulo. [Tese de doutorado, FFLCH-USP.]

BOESCH, E.E. (1971) Reflexiones psicológicas sobre el prejuicio racial. In: SUBIRATIS, E. (org.). *Psicologia política como tarea de nuestra época*. Barcelona: Barral.

CARONE, I. (1999). *A distância subjetiva entre as classes, de acordo com Alexis de Tocqueville*. São Paulo: Abrapso.

CUNHA, M.C.P. (1988). *O espelho do mundo*: Juquery, a história de um asilo. 2. ed. Rio de Janeiro: Paz e Terra.

DELUMEAU, J. (1989). *História do medo no Ocidente*: 1300-1800, uma cidade sitiada. São Paulo: Companhia das Letras. [Tradução de Maria Lucia Machado, tradução das notas de Heloísa Jahn.]

FANON, F. (1980). *Pele negra, máscaras brancas*. Rio de Janeiro: Fator.

FEAGAN, J.R. & FEAGAN, C.B. (1986). *Discrimination american style*: institutional racism and sexism. Malabar: Robert E. Krieger Publishing Company.

FERNANDES, F. (1978). *A integração do negro na sociedade de classes*, vols. I e II. São Paulo: Ática.

FRANKENBERG, R. (1995). *The construction of white womem and race matter.* Minneapolis: University of Minnesota Press.

FREYRE, G. (1980). *Casa grande e senzala.* Rio de Janeiro/Brasília: INL/MEC.

GUIRADO, M. (1998). Diferença e alteridade: dos equívocos inevitáveis. In: AQUINO, J.G. (org.). *Diferenças e preconceitos na escola*: alternativas teóricas e práticas. São Paulo: Summus.

HASENBALG, C.A. (1979). *Discriminação e desigualdades sociais no Brasil.* Rio de Janeiro: Graal.

HELMS, J.E. (1990). *Black and white racial identity*: theory, research and practice. Nova York: Greenwood Press.

IANNI, O. (1972). *Raças e classes sociais no Brasil.* Rio de Janeiro: Civilização Brasileira.

JODELET, D. (1999). Os processos psicossociais da exclusão. In: SAWAIA, B. (org.). *As artimanhas da exclusão*: a análise psicossocial e ética da desigualdade social. Petrópolis: Vozes.

KAES, R. (1997). *O grupo e o sujeito do grupo*: elementos para uma teoria psicanalítica do grupo. São Paulo: Casa do Psicólogo.

LAPLANCHE & PONTALIS (1998). *Vocabulário de psicanálise.* São Paulo: Martins Fontes.

MISSENARD, A.A. (1995). *O narcisismo nos grupos.* [s.l.]: Editora Cidade.

PATTO, M.H.S. (1997). *"Para uma crítica da razão psicométrica".* São Paulo: Psicologia USP, v. 8, n.1, p. 47-62.

PIZA, E. (1998). *O caminho das águas*: personagens femininas negras escritas por mulheres brancas. São Paulo: Edusp/Fapesp.

RODRIGUES, N. (1894). *As raças humanas e a responsabilidade penal do Brasil.* Rio de Janeiro: Guanabara.

ROSEMBERG, F. (1985). *Literatura infantil e ideologia.* São Paulo: Global.

SAID, E.W. (1990). *Orientalismo*: o Oriente como invenção do Ocidente. São Paulo: Companhia das Letras.

SARTRE, J.-P. (1960). *Reflexões sobre o racismo, I Reflexões sobre a questão judaica, II Orfeu Negro.* 2. ed. São Paulo: Difusão Europeia do Livro.

SCHWARCZ, L.M. (1993). *O espetáculo das raças*: cientistas, instituições e questão racial no Brasil – 1870/1930. São Paulo: Companhia das Letras.

SILVA, A.C. da (1991). *Cor e posição simbólica*: o lugar do negro na modernidade. Caxambu [mimeo.].

SOUZA, N.S. (1983). *Tornar-se negro*: as vicissitudes da identidade do negro brasileiro em ascensão social. Rio de Janeiro: Graal.

TATUM, B.D. (1992). *"Falando sobre raça, aprendendo sobre racismo: a aplicação na sala de aula da teoria do desenvolvimento da identidade racial"*. Harvard Education Review, vol. 62, n. 1, Spring.

TEIXEIRA, M.A.S.B. (1992). *Resgatando a minha bisavó* – Discriminação racial e resistência nas vozes de trabalhadores negros. São Paulo [mimeo.].

WANDERLEY, M.B. (1999). Refletindo sobre a noção exclusão. In: SAWAIA, B. (org.). *As artimanhas da exclusão*: análise psicossocial e ética da desigualdade social. Petrópolis: Vozes.

3 PORTA DE VIDRO: ENTRADA PARA A BRANQUITUDE

Edith Piza

Este ensaio baseia-se no texto do relatório final da pesquisa *Percepção de mulheres negras por mulheres brancas, no espaço da escola e do lazer, durante os anos entre 1960 e 1970*, em uma cidade do interior de São Paulo[1] e seu objetivo é antes o de comunicar uma experiência de pesquisa do que discutir aprofundadamente os dados coletados e a bibliografia lida. Trata-se, portanto, de dar a conhecer uma perspectiva de pensar as relações raciais, propondo uma reflexão conjunta sobre o tema, mais do que explorar os modelos teóricos (muitas vezes conflitantes) e as perspectivas metodológicas para tratar a branquitude (ainda não inteiramente definidas ou adequadas ao universo brasileiro). Embora muito do que esteja aqui possa já ser do conhecimento e da experiência cotidiana de todos, convido-os a iniciarem uma breve sondagem sistematizada sobre o sentido de ser branco, no Brasil.

Quando iniciei esta pesquisa (PIZA, 1998), não tinha muita certeza do que encontraria. Não se tratava de não ter um objetivo, mas de não saber quais os rumos que a pesquisa tomaria, o que eu iria encontrar como resposta às perguntas iniciais[2]: *O que significava ser branco, num mundo de brancos? Como era construída esta identidade? De onde vinham os sinais dessa suposta superioridade? Qual o possível grau de percepção que homens e mulheres brancos tinham de serem racializados?* Por que havia uma intensa

---

1. A pesquisa foi realizada como parte das atividades do récem-doutorado, no Instituto de Psicologia da USP, Departamento de Psicologia da Aprendizagem, Desenvolvimento e Personalidade – PSA, com financiamento do CNPq, sob a coordenação da Profa.-dra. Iray Carone.

2. Sabe-se que as entrevistas sobre assuntos raciais feitas por pesquisador de mesma cor/raça do pesquisado apresentam maior índice de respostas não evasivas, o que justifica, metodologicamente, a paridade racial como estratégia de pesquisa em relações raciais.

nomeação de não brancos, e uma aparente neutralidade da cor, quando se tratava de brancos?

Na minha própria experiência cotidiana essas perguntas nem mesmo se colocavam, ou seja, nunca questionei minha condição racial e ela nunca foi objeto de questionamento por ninguém. Mesmo na vivência com amigos e colegas negros eu não estava presentificada pela cor. Eu *era*, simplesmente (Edith, estudante, mulher, mãe etc.); eles eram todos sobrenomeados: *negros*. De início, durante os primeiros tempos de preparo da tese de doutorado, na Puc-SP (PIZA, 1998), não sabia como me reportar à minha própria condição racial e havia no ambiente das salas de aula que partilhávamos uma certa pergunta não declarada sobre por que uma branca se interessaria por questões raciais. Aos poucos, com a convivência e um melhor detalhado do meu objeto de estudo[3], fui delimitando o meu espaço dentro da pesquisa e do grupo de colegas negros. Eu sabia muito sobre negros, mas isto não era compreender as *relações* entre negros e brancos. Era, no máximo, um acúmulo de conhecimento que poderia me auxiliar na compreensão de processos históricos, socioeconômicos e psicossociais de exclusão social e moral de *negros*.

Mas onde se situavam os brancos, nestes estudos, pesquisas, teorias etc.?

Passo a passo fui descobrindo que eles estavam atrás dos nomes, quase todos de brancos, que assinavam muitos dos estudos e pesquisas. O discurso branco sobre questões raciais anteriores à década de 1980 construía-se, com poucas exceções[4], a partir de um olhar branco (enquanto neutro em relação aos brancos) sobre o mundo. Comecei a perceber como para mim era mais fácil compreender suas proposições e interpretar seus códigos linguísticos, quando se referiam aos estudos histórico, econômico, social, psicológico, antropológico *de negros*[5]. O que se tornava incompreen-

---

3. Cf. Piza (1998).

4. Com raras exceções, como a presença ímpar de Eduardo de Oliveira e Oliveira, de Clóvis Moura ou de Abdias do Nascimento. Entre pesquisadores brancos do período, Oracy Nogueira parece ser o que destoa do conjunto da escola uspiana.

5. Moema Poli Pacheco oferece um exemplo desse olhar, ao observar que, analisando a família negra, Florestan Fernandes não deixa de clamar pela superação da família negra dita anômica, "reforçando a ética polarizada em que é analisada a constituição da família negra" (PACHECO, 1989: 200).

sível e, mais do que isso, inaceitável para os estudantes negros, parecia-me absolutamente evidente, de um ângulo diferente: eu "sabia" que o argumento e sua linguagem comunicavam tanto a completa neutralidade racial de seu autor, quanto os modelos sociais prescritos que surgiam, em parte, dessa neutralidade e, em parte, das "receitas" de adequação necessárias à inclusão de negros no universo do discurso e do modelo brancos. Os discursos de Freyre e Fernandes, principalmente, eram cartas de navegação facilmente decifráveis, num mundo onde a ordem do argumento era uma via de mão única, elidindo-se a própria racialidade para compreender o *outro*[6]. O *eu* narrador destes estudos, o *eu* não mencionado, não era nem mesmo branco. Era neutro, incolor, transparente; vidraças e portas tão polidas que nem mesmo se podia vê-las.

Talvez uma metáfora possa resumir o que comecei a perceber: bater contra uma porta de vidro aparentemente inexistente é um impacto fortíssimo e, depois do susto e da dor, a surpresa de não ter percebido o contorno do vidro, a fechadura, os gonzos de metal que mantinham a porta de vidro. Isto resume, em parte, o descobrir-se racializado, quando tudo o que se fez, leu ou informou (e formou) atitudes e comportamentos diante das experiências sociais, públicas e principalmente privadas, não incluiu explicitamente nem a mínima parcela da própria racialidade, diante da imensa racialidade atribuída ao outro. Tudo parece acessível, mas, na realidade, há uma fronteira invisível que se impõe entre o muito que se sabe sobre o outro e o quase nada que se sabe sobre si mesmo.

Porém, à medida que se vai buscando os sinais dessa suposta "invisibilidade", vai-se também descobrindo os vãos da porta. Toda porta de vidro tem vãos. Nunca estão totalmente encaixadas na

---

[6]. Experimentei a franca irritação dos colegas negros quando me propus a analisar a linguagem de Freyre, em *Casa grande e senzala*. A observação era de que esta obra continha um grande exercício retórico do autor para se contrapor ao modelo industrial do sul, ao fazer o elogio do patriarcado nordestino (BASTOS, 1983). Falava-se para pares, tentava-se convencer os empresários brancos do sudeste de que seus modelos importados destruiriam para sempre uma relação "harmônica" e "complementar" do negro no processo de construção de nosso *ethos* nacional, desde que mantidas as posições hierárquicas e a imensa tolerância racial que o português branco trouxera de sua própria experiência da invasão árabe. O recurso argumentativo do "escravo civilizador" transparecia, para mim, enquanto para os colegas negros eram os vieses deturpadores da condição dos negros que se acumulavam na ambiguidade da linguagem, oscilando entre o africano digno, que Freyre distinguia de um escravo corrompido, sem no entanto apontar explicitamente quem o corrompera.

moldura. São necessários a fresta, o espaço entre o vidro e o assoalho, o vidro e o batente, para evitar a fricção que causaria a quebra do vidro. Vidros são muito sensíveis, muito delicados, necessitam de espaço para se moverem livremente. Se estivermos do lado de dentro, pode-se sentir o ar passando pelos vãos. Respira-se.

Aí se encontrava a possibilidade de, no universo de estudos sobre relações raciais no Brasil, verificar a existência de algum sinal de que brancos eram parte dessa relação. Bastaria, talvez, arejar o que, de certo modo, já estava exposto. Havia, sim, um olhar do branco sobre o branco, em estudos como os de Oracy Nogueira (1962; 1955), os quais tinham permanecido em um espaço oculto entre o vidro e o vão. Falavam da história e das relações sociais e raciais de uma pequena comunidade no interior do Estado de São Paulo, Itapetininga, que foi objeto de seu exaustivo estudo sociológico, nas décadas de 1950 e 1960. Esses estudos não eram muito conhecidos, apesar de seu autor estar entre os representantes da "escola uspiana", a qual, entre o início dos anos de 1950 e meados dessa década, desenvolveu um grande projeto de mapeamento das relações raciais principalmente em São Paulo e em outros Estados brasileiros, financiado pela Unesco[7]. Seu trabalho mais conhecido, *Tanto preto quanto branco* (NOGUEIRA, 1985), publicado mais tarde, estabeleceu, por comparação, os diferentes modos de definir a racialidade no Brasil e nos Estados Unidos. Esse estudo punha em evidência a regra de origem, para americanos; e a regra de aparência para brasileiros[8]. O estudo repercute ainda porque as pesquisas sobre o "negro" encontravam onde apoiar aquilo que, no Brasil, era o mais evidente: a fenotipia (ou aparência física, especificamente a cor da pele, os traços faciais e corporais) como regra de pertença racial. Os outros estudos, porém, ficaram desfo-

---

7. Os estudos da escola uspiana pertencem, historicamente, ao grupo de projetos financiados da Unesco para mapear os focos de racismo e de intolerância étnica, no mundo, logo após a II Guerra Mundial, visando prevenir ou evitar que outros holocaustos, como o praticado pelos nazistas contra judeus, outros grupos étnicos e dissidentes políticos, viessem a se repetir. O Brasil foi escolhido como um dos países a ser mapeado, em razão do mito difundido pela obra de Freyre, e ainda sustentado no exterior, de sermos uma democracia racial.

8. A regra de origem, nos Estados Unidos, baseia-se na chamada *one drop rule*, ou seja, a regra de uma gota de sangue, significando que uma gota de sangue negro é suficiente para que uma pessoa seja reconhecida e se reconheça como negra, durante oito gerações, não importando se, em sua aparência, por processos de miscigenação, tenha de muito ultrapassado o que chamaríamos de linha de cor e/ou aparência, que é a forma de auto e heteroclassificação racial no Brasil.

cados no interior da busca por compreender o outro, talvez porque descrevessem muito mais a sociedade branca de uma cidade com pequena população negra e um intenso e indisfarçável racismo nas relações entre brancos e negros que aí ocorriam. Embora esse amplíssimo estudo possa ser considerado um "estudo de caso", é um caso paradigmático. Oracy Nogueira capturara muito bem o espaço social e racial da cidade e o expandira para dimensões nacionais. Diz ele:

> [...] no município de Itapetininga está representada toda a gama de condições e posições sociais que se pode encontrar no Brasil: famílias abastadas e tradicionais e elementos intermediários até a grande massa dos menos favorecidos; brancos, mulatos e pretos, imigrantes e seus descendentes; profissionais liberais, professores, funcionários burocráticos das repartições federais, estaduais e municipais, a massa de pequenos trabalhadores urbanos e a proporção ainda maior de trabalhadores rurais (NOGUEIRA, 1955: 366).

Toda a hierarquia estava representada ali, num espaço social dos 5% mais ricos e os 20% mais pobres da população de 38.181 habitantes, distribuídos pelos 1.938 km^2 do município, dos quais talvez 1/3 formasse a região urbana (646 km^2). Quase cinquenta anos depois, o perímetro urbano tem 828 km^2 (Lei Municipal n. 2.962, 12/12/1989), para uma população total de 104.275 habitantes (SEADE, 1994)[9], dos quais não se tem conhecimento da composição racial atual[10].

Os estudos de Oracy Nogueira apresentam outra característica que parece altamente relevante. Tratam das relações raciais contemporâneas e remete muito pouco ao passado. Seu estudo histórico da cidade é amplo e intensamente documentado, mas a

---

9. Dados do Censo de 1991, desagregados por sexo. Note-se que a pesquisa do Seade, encomendada pela prefeitura de Itapetininga, não incorpora o Clube 13 de Maio entre os equipamentos de lazer da cidade.

10. Na pesquisa que realizei no cartório da cidade, nos registros de nascimentos e óbitos dos anos de 1960 e 1970, observei que seria inútil tentar captar a cor da população registrada nos acentos de nascimento, pois a atribuição da cor era, no mais das vezes, dada pelo próprio agente cartorário que, por exemplo, definia uma criança de origem asiática como branca, em vez de utilizar o critério de classificação censitária: amarelo. Igualmente pretos e pardos podiam ser heteroidentificados pela aparência do declarante – pai, mãe ou pessoa da família – que definia, para o agente cartorário, a hipotética cor da criança registrada. Nos registros de óbitos, a cor era declarada pelo médico que assinava a declaração de morte. Ainda assim, a parcela da população negra era muito pequena.

pequena presença de escravos na região, por sua condição de pouso de tropeiros (aos escravos não era permitida esta profissão), obrigavam o olhar sociológico a se apoiar nas relações raciais como se davam na época e não parece haver, nestes estudos, uma correlação direta entre passado escravo e relações raciais contemporâneas. É mais o caráter branco, ou embranquecido da cidade que é exposto de forma ampla e profundamente crítica. Os brancos estão em cena, desde as famílias fundadoras até a classe média, composta de funcionários públicos e professores em sua maioria, que começava a constituir a população mais visível no espaço urbano.

Assim, pelas frestas da parede de vidro começou a circular o ar de uma possível visão do comportamento racial branco.

Como Oracy Nogueira, também eu tenho vínculos com a cidade. Vivi ali parte de minha infância, toda a adolescência e parte da juventude. Podia respirar o ar que circulava entre os vãos e ler nas entrelinhas: o que poderia ser um acréscimo – muito pequeno, é verdade – ao mapeamento racial que Nogueira tinha realizado[11]. Ter conhecimento prévio do campo no qual se trabalha, ter experimentado as relações sobre as quais se vai refletir pode ser – e, em geral, é – um modo mais confortável de se aproximar do campo, mesmo que não se possa avaliar até onde isto é confortável, ou onde e quando deixa de ser confortável, principalmente porque nossa própria história está envolvida no que se vai resgatando.

Branqueamento, negritude e branquitude

Se os *estudos sobre os negros* são antigos, os estudos sobre *relações raciais*, no Brasil, são recentes. É a partir da década de 1970 que Carlos Hasenbalg, Nelson do Valle Silva e Fúlvia Rosemberg, para citar apenas os mais destacados, vão estabelecer uma linha de estudos comparativos (especialmente a comparação sobre dados estatísticos referentes à escolaridade, trabalho, salários etc.) entre a parcela branca e negra da população brasileira, desagregada por cor e sexo, na qual estabelece-se uma bem definida diferença, que

---

[11]. Ele trabalhara com os dados dos Censos de 1940 e 1950, os quais mapearam a cor da população, aplicando-a a todos os outros quesitos pesquisados.

já não pode ser lida apenas em termos de preconceito, mas – e principalmente – como prejuízos sociais e econômicos que resultam da discriminação de negros nos processos de mobilidade social e seu alijamento dos projetos de progresso socioeconômico nacional. São recentes, também, trabalhos em que pesquisadores brancos e negros trabalhem lado a lado, nas universidades e Ongs, cada um procurando tratar a temática das relações raciais sob prismas negros e brancos. Isto nada tem a ver com quem tem a primazia de falar sobre quem. Trata-se de uma postura de trabalho, na qual o objetivo é estabelecer uma visão ampla e relacional das questões e dos diferentes tratamentos dados a cada parcela da população, nas relações intersubjetivas e institucionais, no universo do trabalho, da educação, da saúde, para citar apenas os mais importantes.

Antes deles, a maioria dos estudos sobre relações raciais, tanto estrangeiros quanto brasileiros, tinham como objeto principal, ou como pano de fundo, a questão da identidade racial e do *problema social de negros*.

No que toca à identidade racial de grupos e indivíduos, o branqueamento de negros foi o tema mais explorado e invadiu todas as outras temáticas, especialmente as que tratavam do lugar ocupado pelo negro na economia pós-abolicionista.

Assim, os estudos sobre branqueamento privilegiaram as estratégias psicossociais desenvolvidas por grupos ou parcelas da população negra brasileira para se adequarem às demandas de embranquecimento da população brasileira, em prática desde meados do século XIX. O pressuposto dos estudos sobre o branqueamento, no sentido de adequação do negro a uma sociedade branca e embranquecedora, supõe que, para atender às demandas racistas de embranquecimento da população brasileira, sua parcela negra tenderia a desenvolver a negação de sua racialidade e promover formas de embranquecimento, tanto na busca de parceiros para a miscigenação, no desejo de ascendência social através da "melhoria do sangue", quanto no comportamento, discreto e distanciado de sua comunidade de origem, visando assemelhar-se ao branco.

As análises mais recentes sobre a busca de branqueamento evidenciam os prejuízos psicossociais sofridos na constituição da identidade grupal e individual da parcela negra da população, sob o impacto do racismo e de sua exigência de embranquecimento (SOUZA, 1983).

Para compreender a demanda por branqueamento e o esforço de parte da população negra em responder a esta demanda, seria necessário considerar aspectos do *racismo teórico* que, no Brasil, instala-se a partir do século XIX. As perspectivas estrangeiras que apontaram os processos de branqueamento em sua superfície (DAGLER, 1971) e, principalmente, determinados estudos brasileiros tidos como progressistas e denunciadores do preconceito e da diferença, no Brasil (FERNANDES, 1978), que, apesar de negarem a propalada democracia racial, não observaram as relações, mas sim seus resultados para apenas um dos grupos – o de negros[12].

Segundo Guillaumin (1972), o racismo teórico baseia-se na ideia de que o biológico determina o social e o cultural.

> No caso da teoria (racista), este sistema de signos é a expressão, no universo intelectual e científico, da busca de uma ordem causal: a variedade de formas culturais está fundada e é explicada pela variedade de formas físicas. Esta é explicitamente a tese fundamental do racismo teórico. No caso do comportamento racista, a heterogeneidade (suposta ou real) do grupo visado é vista (interpretada) como uma característica física, a qual, por sua vez, fundamenta esta heterogeneidade até o absoluto e justifica, assim, o "pôr à parte" (GUILLAUMIN, 1972: 61).

O que esta autora observa é que aspectos socioculturais são ora explicados pela raça (seus aspectos biofisiológicos que contaminariam os históricos, econômicos, culturais), ora a raça é explicada pelo sociocultural (a impossibilidade do avanço, determinada por uma história de subordinação diante da grande e insuperável cultura branca, que acaba por afetar aspectos biofisiológicos, os quais, por sua vez, determinariam uma história...) e, assim, *ad infinitum*. Esta tautologia – ou a circularidade de pensamento – esteve presente em muitos estudos que abordaram a condição social da parcela negra da população. Estudos que visavam compreender a inserção da parcela negra brasileira na moderna sociedade de classes, oscilam entre um dado racial e sua faceta social – a escravidão; e um dado social que determinaria o racial: o embranquecimento – seja pela passagem da linha de cor (miscigenação), seja pelas estratégias de mobilidade social. Assim, a ideia de que, no Brasil, o "di-

---

12. Cf. especialmente os trabalhos importantíssimos de denúncia e oposição ao pensamento de Freyre formulados por Florestan Fernandes, Octavio Ianni, entre outros.

nheiro embranquece", formulada basicamente por estudiosos norte-americanos, não difere, em profundidade, da ideia do "negro trânsfuga" e da identidade "anômica" individual e familiar, de Florestan Fernandes. Nesses estudos, sabe-se muito sobre o negro, mas, em nenhum momento, nomeia-se aquele que, na relação opressor-oprimido, desempenha o papel do opressor: o branco.

O branqueamento, como resultado de teorias e práticas racistas, interfere em quase toda a produção sobre identidade racial, excetuando-se os estudos mais recentes, que evidenciaram uma "consciência" racial muito precoce e conflituada, mas nunca negada, entre indivíduos negros entrevistados. Destacam-se aqui as pesquisas de Souza (1983), Teixeira (1992) e Oliveira (1992), nas quais esta consciência e seus conflitos são expostos de maneira muito evidente pelos depoentes, sejam eles trabalhadores de idades variadas, jovens estudantes, militantes ou não.

A negação da necessidade "consciente" de embranquecimento vai ser comprovada nos estudos sobre a negritude, que visam analisar por que meios a população negra busca e encontra uma identidade positiva e politicamente divulgada através de marcas diacríticas sociais e culturais dessa identidade, à qual deu-se o nome de *negritude* (MUNANGA, 1986; CROSS JR., 1991).

Muitos anos antes que a condição racial de brancos fosse objeto de estudo, principalmente nos Estados Unidos, a condição racial do negro e sua identidade grupal e individual já passavam por inúmeras formas de análise, tanto por estudiosos brancos quanto por negros. Desde os estudos fundadores de W.E.B. Du Bois, especialmente *Os dez talentosos,* publicado em 1903, a construção de uma identidade negra era objeto de reflexão; e, no caso de Du Bois (1903), era uma questão de identidade coletiva, formada por lideranças negras comprometidas com suas origens, capazes de dar exemplos morais e intelectuais, elevando assim o padrão de aspirações da população negra americana. A educação era condição *sine qua non* para a construção de uma nova identidade, de progresso social e de resgate moral da parcela negra da população americana. Segundo Du Bois (1903), a instrução universitária dos talentos negros formaria lideranças que se tornariam exemplares para toda a comunidade negra, elevando-a da condição de uma população sem raízes ou valores culturais.

Quase 60 anos depois, os movimentos pelos direitos civis trouxeram à tona o reexame desta questão. Lideranças intelectuais como Martin Luther King e Angela Davis, ou de negros que se encontravam nas franjas da sociedade, dedicaram-se à reestruturação de suas identidades tanto quanto pregaram a valorização da população negra – como Malcolm X – clamando, cada um a seu modo e por diferentes caminhos, pela fundação de uma identidade positiva, de uma identidade politicamente construída, capaz de retirar da alienação e do abandono social grupos e indivíduos.

A batalha pelos direitos civis, nos Estados Unidos, durou pelo menos dois séculos, mas entre os anos de 1950 e 1960 eclodiu em um movimento organizado, intenso e extenso, de visibilidade nacional e mundial, no qual negros de todo país e de todas as condições sociais se engajaram e alguns brancos também se dispuseram a ajudar. As vitórias mais expressivas – ou pelo menos mais visíveis – foram: o estabelecimento das escolas integradas, a não separação racial em espaços públicos e o início de uma política educacional universitária compensatória para negros (o sistema de cotas em universidades brancas), durante o governo Kennedy[13].

Assim, nas décadas de 1970 e 1980, os estudos sobre a construção da identidade racial positiva de negros – *a negritude* – se intensificaram. Um estudo abrangente sobre a construção desta identidade pode ser encontrado em Cross Jr. (1991). Este autor, além de revisar a bibliografia mais expressiva dedicada ao estudo da construção da negritude, estabelece um sistema de etapas de construção da identidade negra, na qual o sujeito vai, pouco a pouco, tomando consciência de sua origem racial e estabelecendo formas de internalização de uma nova identidade[14]. Atualmente,

---

13. A educação de negros, nos Estados Unidos, tem história mais longa e mais complexa, com a participação de doadores brancos para a fundação de universidades para negros, como universidades do sul dos Estados Unidos, por um lado; e, por outro, a mobilização de intelectuais negros formados no norte dos Estados Unidos, que se deslocavam para o sul, fundando grandes centros de alfabetização, logo após a abolição, naquela região. No Brasil, apesar de ser uma demanda que antecipou a abolição, nem o Estado, nem a sociedade civil branca se dedicaram a cobrir a lacuna educacional que permanece até hoje (cf. DU BOIS, 1903, & PINTO, 1993).

14. As etapas de constituição da identidade negra descritas por Cross Jr. foram baseadas no processo de construção de identidade vivenciado por Malcolm X que, de uma identidade totalmente ambivalente e negativa, passa por processos que Cross Jr. chamou de *pré-encontro, encontro, imersão, emersão* até a *superação* da identidade baseada exclusivamente na racialidade para uma identidade integral, baseada na humanidade.

estudos como o de Gates Jr. e West (1997) já realizam balanços do progresso da intelectualidade negra americana, ao mesmo tempo em que analisam os questionamentos de identidade desses intelectuais que buscam, continuamente, manter o princípio exigido por Du Bois (1903), ou seja, de que dependia de lideranças ilustres a adequação de negros aos princípios da democracia americana.

A identidade branca, entretanto, não foi observada da mesma forma. As mudanças nas relações sócio-raciais americanas, vivenciadas pela comunidade negra, foram (e provavelmente ainda sejam[15]) objeto de temor e de insegurança para brancos. Havia sempre o "perigo negro", um suposto desejo de represália e, por trás de tudo isso, a inabilidade do sujeito branco de tratar com equanimidade aqueles que eram vistos como desiguais. Esta inabilidade nascia do suposto "poder branco", da preservação de espaços exclusivamente brancos que, agora, encontravam-se "invadidos". Como cumprir uma lei que ia contra todos os costumes e valores brancos?

Rever aqui todas as vertentes de estudos sobre a identidade racial branca seria extrapolar o escopo deste ensaio; porém, pode-se apreender um fragmento dessa tentativa de mudança da identidade branca, a partir da aplicação da *Lei de Direitos Civis*, através do estudo de Helms (1990). Um breve resumo, feito por Janet Helms, das linhas de pesquisa sobre a identidade branca pode auxiliar nesta breve revisão.

Janet Helms fez uma avaliação de processos de aconselhamento psicológico para pais, professores e trabalhadores brancos, no sentido de torná-los menos reativos à convivência compulsória (após a lei), em locais públicos e nas relações interpessoais.

Diz Helms, a respeito de sua pesquisa:

> A premissa básica desta pesquisa é que os construtos de identidade racial aplicam-se, de certa maneira, a ambos os grupos raciais (negros e brancos), embora suas expressões possam diferir devido às experiências raciais virtualmente opostas de cada grupo, nos Estados Unidos. Deve-se notar também que o aconselhamento psicológico foi escolhido como a disciplina básica pela qual será orientado o tratamento do desenvolvimento da identidade ra-

---

15. Cf. o Relatório do Ministério do Trabalho Americano, sobre o fenômeno do chamado *Teto de vidro*, ou seja: as barreiras invisíveis – mas totalmente perceptíveis – para o avanço funcional de negros e mulheres, nos cargos executivos das grandes empresas.

cial. O aconselhamento psicológico foi utilizado porque parece adequar-se mais às duas outras premissas presentes nesta pesquisa: a) o desenvolvimento da identidade racial é um processo "normal" de desenvolvimento nos Estados Unidos, no sentido de que provavelmente ocorra de alguma forma em todos os indivíduos; e b) a compreensão do desenvolvimento da identidade racial oferece um referencial pelo qual os teóricos, pesquisadores, terapeutas e leigos podem intervir em seus ambientes para promover o desenvolvimento de identidades sadias para si mesmos e para outros (HELMS, 1990: 8).

O aconselhamento psicológico de brancos era um modo de dirimir a ansiedade, o medo e a agressividade latentes ou explícitos que poderiam surgir desta convivência. Assim, o trabalho de intervenção junto aos brancos tratava menos de compor uma identidade política positiva e mais de oferecer possibilidades de relativização do poder branco "ameaçado" e, com isso, a necessária estabilidade para vivenciar a nova situação.

Sob este prisma, os brancos deveriam ser instrumentalizados a perceber o outro como detentor de um direito legítimo, mas isto não interferia necessariamente na reconstituição de uma identidade voltada para a sua própria condição racial. Tudo permaneceria igual, para brancos, desde que fossem capazes de absorver as mudanças sociais com certo equilíbrio. Janet Helms avalia os processos de aconselhamento, mas não deixa de observar que, em muitos casos, a condição racial do conselheiro não lhe permitia responder adequadamente às ansiedades geradas pela convivência imposta. Assim, o desenvolvimento da identidade racial positiva (não racista) para brancos, esbarrava no despreparo do conselheiro para lidar com os aspectos de sua própria racialidade branca. Não se tratava de reconstruir ou reelaborar uma identidade, mas estabilizar um "ego" em conflito.

O conceito de branquitude

Outras vertentes, a partir da década de 1990, trouxeram a questão da branquitude para um espaço de relações vividas (TATUM, 1997) e para uma compreensão do ideário branco sobre racialidade (FRANKENBERG, 1995).

Beverly Tatum punha em prática o encontro entre os diferentes e os orientava a verificar a veracidade (ou validade real) dos valores que lhes tinham sido ensinados durante os processos de socialização.

O que esta perspectiva propõe é que, no encontro e convivência, ambos – brancos e não brancos – vejam-se como objeto da mesma farsa ideológica: a de que a uns foi dado todo o poder e que aos outros este lhes foi negado. O impacto sobre os alunos brancos das aulas que Tatum promoveu no HollyOak College foi por eles registrado e comentado, de modo que eles pudessem acompanhar seus próprios processos de socialização branca e refazer o caminho, ao se verem apanhados na malha ideológica da desinformação gerada pelo esvaziamento de sentido de seu conteúdo racial.

A outra vertente, representada aqui pelo trabalho de Ruth Frankenberg, estabelece a necessidade de se conhecer o comportamento branco, descrevê-lo e analisá-lo, antes de se estabelecer as estratégias de intervenção no processo das relações raciais. Seu estudo com mulheres feministas brancas (ampliado depois para mulheres sem inserção em movimentos sociais ou políticos) oferece um quadro não apenas das decepções diante da falácia ideológica, mas de como esta falácia se institui como modo de pensar e de sentir o mundo racializado à sua volta, e de como ela se sustenta através da cotidiana repetição dos padrões da ideologia de raça. Frankenberg vai definir branquitude a partir do significado de ser branco, num universo racializado: um lugar estrutural de onde o sujeito branco vê aos outros e a si mesmo; uma posição de poder não nomeada, vivenciada em uma geografia social[16] de raça como um lugar confortável e do qual se pode atribuir ao outro aquilo que não atribui a si mesmo (p. 43s.). Muitos de nós, brancos, já experimentaram alguns desses traços de conforto, cuja característica mais evidente encontra-se na sensação de não representar nada além de nossas próprias individualidades.

Sobre esta sensação, escreveu McIntoshi (1989: 11):

> Posso dizer palavrão, [comprar e] vestir roupa usada, ou não responder cartas sem que ninguém atribua estas escolhas à imorali-

---

16. Um espaço populado, mais social do que geográfico, onde ocorrem as relações entre brancos e brancos e brancos e não brancos (FRANKENBERG, 1995: 43).

dade, pobreza ou analfabetismo da minha raça. [...] Posso praticar uma boa ação, em uma situação de risco, sem ter que me tornar um exemplo para minha raça. [...] Nunca sou chamada a falar por todos do meu grupo racial.

Esta posição, no Brasil, pode ser estendida a outros grupos raciais, especialmente (de modo ambiguamente positivo) ao grupo dos descendentes de asiáticos – japoneses, chineses, coreanos – os quais são chamados a responder pelo estereótipo da inteligência e do sucesso profissional. Se um falha, alguém sempre vai se lembrar de que *"japoneses são superinteligentes e bem-sucedidos. Então, por que você falhou?"* Mas, se uma pessoa negra estiver estacionando um carro em lugar proibido, alguém pode sempre lembrar que *"só negros fariam isso!"*

Entretanto, entre brancos, falhar nas expectativas que se formam em torno de alguém ou cometer uma infração de trânsito (ou qualquer outra) certamente contará com o beneplácito de alguém que se lembrará: "coitado, nunca teve muita sorte [...]"; no caso da infração, levará um palavrão pelas costas, que poderá, no máximo, ofender a mãe preposta para estas ocasiões, mas jamais o conjunto dos brancos, o grupo racial ao qual pertence. A expectativa para os três sujeitos é determinada pela sua racialidade, mas apenas dois são racializados – o "japonês" e o negro. O branco preserva sua individualidade na "falta de sorte" e só tem mãe.

É esta excessiva visibilidade grupal do outro e a intensa individualização do branco que podemos chamar de "lugar" de raça. Um "lugar" de raça é o espaço de visibilidade do outro, enquanto sujeito numa relação, na qual a raça define os termos desta relação. Assim, o lugar do negro é o seu grupo como um todo e do branco é o de sua individualidade. Um negro representa todos os negros. Um branco é uma unidade representativa apenas de si mesmo. Não se trata, portanto, da invisibilidade da cor, mas da intensa visibilidade da cor e de outros traços fenotípicos aliados a estereótipos sociais e morais, para uns, e a neutralidade racial, para outros. As consequências dessa visibilidade para negros é bem conhecida, mas a da neutralidade do branco é dada como "natural", já que é ele o modelo paradigmático de aparência e de condição humana.

Quanto isto interfere nos processos cognitivos de brancos sobre sua identidade racial e, por consequência, nas relações raciais?

Brancos e seus enigmas

Talvez tudo que se diga aqui pareça óbvio demais, mas o excessivamente óbvio pode esconder ciladas. Quando comecei a entrevistar mulheres brancas, ouvi depoimentos que eram o retrato sem retoques do racismo e da racialidade branca, mas ouvi, igualmente, memórias de relações parciais, de vivências familiares e pessoais que destoavam do que se prevê. Eram nestas entrevistas que eu procurava uma certa coerência entre o *dito* e o *feito*.

Entrevistei vinte mulheres brancas que passaram sua infância e juventude na cidade de Itapetininga entre os anos de 1960 e 1970, a quem pedi que me contassem suas lembranças de relações com meninas e jovens negras, na escola e no espaço do lazer. Este marco teórico tinha sido estabelecido porque estas décadas deste século abalaram as relações sociais e geracionais de modo muito profundo, as quais repercutiam globalmente e que, segundo Bronfrenbrenner (s.d.), foi um processo no qual os mais jovens influenciaram definitivamente os mais velhos. Itapetininga manteve-se conservadoramente atada aos valores da tradição e do costume, mas algumas pessoas dessa geração vivenciaram as mudanças e experimentaram novos modos de relacionamento social. Entre elas, algumas mulheres, hoje em torno dos 50 anos, que tiveram expressão como "transgressoras" dos costumes, especialmente por seu engajamento político. Vejamos esta entrevista, na qual estes aspectos se mesclam de modo direto e indireto com suas vivências raciais.

Seu perfil é o seguinte:

Idade – 46 anos.

Moradia – própria, às vezes alugada, sempre no centro antigo.

Nível de escolaridade – universitária.

Estado civil – casada.

Profissão – professora.

Idade nas décadas de 1960 e 1970 – dez e vinte anos.

Ocupação dos pais – pai: comerciante; mãe: prendas domésticas.

Locais de estudo – 1º grau: 1ª à 4ª séries no Grupo Escolar Major Fonseca; 4ª a 8ª séries no Ginasinho (escola particular da cidade); 2º grau: Clássico no Instituto de Educação Peixoto Gomide, pela manhã, e Escola Normal no Ginasinho, curso noturno. Universidade: Faculdade de Filosofia, Ciências e Letras de Itapetininga.

A estrutura da entrevista que organizei tinha como objetivo estabelecer um diálogo, como sugere Frankenberg (1995: 33s.), no qual, pouco a pouco, a pessoa entrevistada fosse tomando contato com sua racialidade e, ao mesmo tempo, mostrasse por que ângulo percebia as pessoas negras a seu redor.

P: Você teve colegas negras, no primário?

R: *Eu tive muitas colegas negras. Quando eu era criança, meu pai tinha uma olaria. O braço direito dele era um senhor negro, já bastante idoso, que tinha sido escravo. Ele tinha muitos filhos, que também trabalhavam na olaria e eu brincava muito com os netos e netas dele. No primário eu me lembro de dois: um menino, P. e uma menina parda, de quem eu não lembro o nome. Era muito quietinha... quietinha.*

P: E no ginásio?

R: *Bem, eu fiz o ginásio no Ginasinho, que era particular. Eu não passei no vestibular do Peixoto Gomide e fui para o Ginasinho. Lá tinha muitos colegas negros, mas eu me lembro de uma, a N., que trabalhava na... [loja do comércio local]. Ela era criada pela família do dono da loja e tinha uma irmã de criação, que era loirinha. As duas trabalhavam na loja e na casa e estudavam no Ginasinho. Na loja ela vendia, empacotava, fazia um pouco de tudo. A N. também fez o Normal comigo no Ginasinho, no curso noturno.*

P: Como era a N., você se lembra dela, do físico dela?

R: *Ela era meio gorduchinha. No ginásio, ela usava tranças, sempre de tranças. No Normal ela já se arrumava diferente: alisava o cabelo e prendia de um modo assim... todo especial.*

P: A N. era sua colega, assim, de sair junto?

R: *Não. Era mais colega, mesmo, no ginásio. De fazer a lição juntas, ela e a irmã dela que era loira. Essa irmã eu acho que era so-*

brinha da família que tinha a loja, mas ela tinha perdido a mãe, a família, não sei [...]

P: Elas iam à sua casa?

R: *Não. Só às vezes, para fazer a lição. Eu é que ia mais na casa delas.*

P: E no colegial, no Peixoto Gomide, você tinha colegas negros?

R: *Não, nem pretos, nem mu... pardos. As classes eram muito pequenas, mas não tinha não, nenhum. Mas no Normal do Ginasinho tinha mais. Só que eu me lembro mais é da N. mesmo, porque ela continuou. Ela fez o Normal comigo. No noturno, que a gente – eu e a B. – passávamos no cinema (risos). Foi mais um curso de cinema [...] (risos).*

P: E na faculdade?

R: *Tinha uma, uma só. Mas não tive amizade com ela, nem colega. Era só de falar oi, oi. Mas teve um episódio muito interessante na formatura do Normal, do Ginasinho.*

P: Como é que foi isso?

R: *Ah! Foi assim: eu era da comissão de formatura. Fomos ao [clube] Venâncio [Ayres] e começaram os senões: se todos eram sócios, se eram isso, aquilo, e não sei mais o que [...] A turma resolveu que aquilo era um escândalo. O Venâncio tinha exigências que não eram verbalizadas, tudo muito [...] Mas a gente sabia que o Venâncio era racista. Na década de 50 meu pai tinha tido uma briga feia com o clube, porque não aceitaram um amigo dele como sócio. Era um médico, Dr. Sebastião. Ele morreu quando eu ainda era criança. Meu pai usou a Lei Afonso Arinos, e daí ele foi aceito. Mas, então, decidimos fazer a formatura no 13 de Maio.*

P: E como foi essa negociação com o 13?

R: *Quem negociou foi a N. Eu acho que ela era sócia lá [...] O clube ficou surpreso. Nunca tinha tido um baile de formatura lá. Isso era 1968! Mas foram supergentis com a gente.*

P: E os professores e pais, qual foi a reação deles?

R: *Ficaram surpresos, mas não se opuseram. Havia um ar assim de reticência, mas ninguém verbalizou nada. Os pais também, e alguns alunos não participaram da formatura. Não sei se foi por isso, mas alguns não foram.*

P: E como foi o baile de formatura? Teve orquestra, vestido especial, tudo?

R: *A formatura foi ótima! Baile com orquestra, com tudo. A gente [brancos] se sentia revolucionário! As famílias brancas e negras foram, todos bem arrumados. Foram muito gentis com as moças brancas. Todos dançaram com todos. O salão era pequeno, mas tinha aquelas tábuas largas, era muito bonito [...]*

P: Então, para você, o 13 de Maio não foi um "lugar interditado", como foi para as outras, da geração mais velha?

R: *Não, eu não fui mais lá, depois. Só fui quando eu era da diretoria do Grêmio. Aí eu ia, durante o dia, colar cartazes, pedir para divulgar algum evento do Grêmio. Só isso.*

P: Mas os negros não eram invisíveis para você?

R: *Não, nunca foram. Meu irmão morava ali naquele pedaço da Bernardino de Campos. Tinha vizinhos e amigos negros.*

P: Era onde eu morava. De quem você lembra? Eu lembro do Seu B. da Dona A., Dona B. da B., que a gente brincava o tempo todo. Seu R., que ficava sentado na cadeira, bem velhinho, e esperava o caminhão do DER passar para provocar os homens que iam para casa. Ele gritava: "Viva o Corinthians!", e o pessoal do caminhão aplaudia ou vaiava, conforme tivesse sido o resultado do jogo. Era muito divertido.

R: *Eu me lembro da Dona C. Tinha uma família enorme! Morava um monte de gente na casa. Eu não me lembro do marido dela. Mas tinha um monte de gente. A B. foi nossa amiga de brincadeiras: era roda, pique, esconde-esconde, corda, e olha que eu já era bem grandinha! Era uma delícia! Depois do ginásio não encontrei mais [...] Também tinha um senhor muito velho, que tinha sido escravo, que morava num casebre, ali na escadaria que ia para o Paquetá. Meu pai era amigo dele. Ele tinha uns pés enormes, que nunca viu sapato. Eu era fascinada pelo pé dele.*

P: Você teve muita convivência, muita proximidade. A que você atribui isso?

R: *Em casa já tinha essa coisa [...] Meu pai odiava o racismo, dizia que era uma coisa terrível. Ele tinha um meio irmão que era negro. E minha mãe era muito religiosa, também, então dizia que no cristianismo não havia diferenças entre ninguém. Tinha os ve-*

lhos, também. Minha mãe visitava sempre o Asilo São Vicente de Paulo e eu ia com ela. Até hoje eu tenho uma espécie de respeito pelos velhos e muita preocupação com o abandono da velhice. Mas acho que a escola influenciou também. A professora quando falava de escravidão desenhava na lousa uma corrente partida. Ela falava empolgada: tinha a culpa, tinha a dívida e a indignação. Era assim, uma coisa de ficar indignada. Depois tinha o Grêmio [...]

P: Eu me lembro disso. Era mesmo uma coisa de indignação. Eu até escrevi para o jornal do Grêmio um poema a Castro Alves, perguntando se ele podia ver como ainda a bandeira cobria a iniquidade [...] aquela coisa de adolescentes [...] Minha mãe guardou. Eu li outro dia e achei horrível! Mas tinha mesmo [...]

R: *Pois é, mas isso foi até eu ser politizada. A politização me despolitizou da raça e passou tudo para a classe. E essa coisa da mulher também. Minha mãe foi sufragista e tinha muito orgulho disso, mas eu só fui recuperar isso muito mais tarde.*

A entrevistada aponta com saudades e um certo prazer essa ligação com a comunidade negra. Era uma coisa "revolucionária" escolher o clube mais humilde e discriminado da cidade para um baile de formatura. Era romper com a hegemonia de classe e raça do clube Venâncio Ayres, com as turmas da Escola Peixoto Gomide, trazer pais e professores para dentro de um espaço interditado, visto com os olhos masculinos brancos como um lugar moralmente contaminado pela presença principalmente das mulheres negras.

Mas, o que ocorre na sua vivência imediata com negros?

Em primeiro lugar, vejamos o que Ruth Frankenberg chama de "geografia social de raça" da entrevistada. Este conceito refere-se a um espaço populado, mais social do natural, no qual as pessoas circulam e convivem em razão de sua raça. São locais de moradia, vizinhança, estudo, passeio, trabalho, lazer, viagens de férias, ocupados por pessoas segundo sua condição racial, independentemente de sua classe social (FRANKENBEG, 1995: 43).

A geografia de raça da cidade de Itapetininga, como a vejo agora e como os depoimentos confirmam, estava dividida em espaços que delimitavam os universos raciais e sociais de forma muito nítida.

O centro da cidade era ocupado pelo conjunto da população branca de classe média, vinda de famílias tradicionais ou por imigrantes que ali se estabeleceram e se casaram com mulheres de famílias mais antigas. No centro, localizavam-se as duas praças: a dos *Amores* e a da Igreja Matriz. Nas ruas em torno deste centro ficava o centro comercial, que se estendia até a Rua Campos Salles. Desta, em direção à Estação de Trens da Sorocabana, a sudeste; e do Bairro do Paquetá, a oeste, localizavam-se as ruas onde se concentravam a classe operária e pequenos profissionais liberais: sapateiros, alfaiates, mecânicos, costureiras, doceiras. As ruas Bernardino de Campos e Benjamin Constant eram os redutos de maior concentração desta população e tinham como característica a ocupação alternada dos quarteirões por famílias brancas e negras. A Benjamin Constant, em particular, era, na parte mais próxima da entrada para o Bairro do Paquetá, um reduto de famílias negras tradicionais, vivendo em casas construídas de modo a abrigar vários grupos que, não raro, tinham laços de parentesco.

As escolas públicas da cidade formavam um conjunto de prédios ao estilo do Caetano de Campos, ocupando todo um quarteirão, com a Escola Normal Peixoto Gomide ao centro e os Grupos Escolares Major Fonseca e Aderbal de Paula Ferreira ladeando o prédio principal. Eram consideradas escolas de elite e tinham sido construídas no início do século XX, formando um grande contingente de professores(as) de 1º grau. Por ser a segunda escola Normal do Estado, recebia alunos(as) de toda a região, e a cidade por longo tempo foi conhecida como a "Atenas do Sul".

O ginásio particular – Ginasinho – ao qual se refere a entrevistada, era considerado uma escola de nível inferior e destinada aos que não tinham "capacidade" para passar no "vestibular" da Escola Peixoto Gomide. Seu alunado era composto de pessoas que trabalhavam durante o dia, entre elas, muitos negros.

A cidade contava com três associações recreativas. O Clube Venâncio Ayres era frequentado pela elite econômica e filhos e netos dos fundadores da cidade, onde a presença de negros só foi admitida em 1978.

O Clube Venâncio Ayres (ao centro), na Praça dos Amores.

O Clube Recreativo, destinado ao operariado branco: ferroviários, pequenos comerciantes e funcionários do Departamento das Estradas de Rodagem – DER.

Fachada do Clube Recreativo.

O Clube 13 de Maio, destinado à população negra, e cuja origem estava vinculada à da Igreja do Rosário dos Homens Pretos, a mais antiga da cidade.

Igreja do Rosário dos Homens Pretos – a mais antiga de Itapetininga.

Este clube, antes de se tornar um local de recreação (bailes e festas da comunidade negra), tinha sido o local de guarda dos objetos de valor da Igreja do Rosário, bem como das roupas e aparatos da Irmandade de São Benedito. Na década de 1930, a curadoria da irmandade foi retirada da guarda da comunidade negra, por denúncia de um padre da paróquia central, que acusava a irmandade de desenvolver atividades anticatólicas no espaço do clube. A presidência da irmandade foi passada a homens brancos. Alguns deles tentaram manter a comunidade negra reunida em torno da irmandade de São Benedito.

Grupo de participantes da Congada de Nossa Senhora do Rosário, dissolvida em 1972.

A praça dos *Amores* era o local de encontro dos jovens para o flerte e o namoro, durante o *footing* dos fins de semana. A parte mais interna da praça era ocupada pelas moças e rapazes das famílias mais ricas ou tradicionais e, na parte externa, por moças e rapazes operários e das famílias negras.

Na década de 1960, parte dos estudantes da Escola Normal Peixoto Gomide atuavam política e culturalmente no Grêmio Estudantil Fernando Prestes, com sede própria no trecho final da Rua Campos Salles. Nos fundos do Grêmio, dando para a Rua Silva Jardim, ficavam as instalações do Clube 13 de Maio.

Grêmio Estudantil Fernando Prestes.

No espaço das ruas onde se concentravam as populações brancas e negras mais pobres, a convivência era constante nas brincadeiras de rua e no coleguismo de crianças que frequentavam a escola primária. Mas, à medida que os alunos brancos iam para o ginásio, na Escola Normal (Instituto de Educação Peixoto Gomide), o afastamento era flagrante, pois poucos negros frequentavam esta escola. As brincadeiras de rua também deixavam de existir, já que adolescentes brancos e negros ocupavam diferentes espaços de lazer e a brincadeira de rua, principalmente para as meninas, não era mais autorizada pelas famílias. Convivência, dali em diante, era quase impossível; as trajetórias de cada um acabavam por afastá-los. As moças brancas passavam a ter com suas colegas negras uma relação de subordinação: a maioria das brancas fazendo trajetórias de ascensão social pelo estudo ou casamento; e a maioria das negras permanecendo em suas classes sociais de origem.

Neste universo, o que se destaca é um modo branco de relacionamento com negros que Frankenberg (1995) chama de "quase integração", ou seja, um relacionamento onde a integração não é completa. É a moça branca que frequenta mais a casa da moça negra e que mantém com ela uma relação de coleguismo, mas não de amizade. Geralmente, nos depoimentos, as mulheres brancas que conviveram com moças e meninas negras não sabem dizer o que aconteceu com as suas colegas negras depois desse período de vivência escolar.

> A B. foi nossa amiga de brincadeiras: era roda, pique, esconde-esconde, corda, e olha que eu já era bem grandinha! Era uma delícia! Depois do ginásio não encontrei mais [...]

Observem que, no depoimento da entrevistada, a memória desta convivência é agradável, é constante e valorizada moralmente pela família. Entretanto, os valores da família e da educação, que alimentam a indignação diante do racismo, vão ser "esquecidos" na prática política que considerou classe social como o único ponto de partida para análise das relações sociais, inclusive a racial. É interessante notar também que a ideia de estabelecer um vínculo social próximo é visto como uma "transgressão", um enfrentamento dos valores elitistas e racistas que norteavam os estatutos do Clube Venâncio Ayres. Entretanto, esta vivência é circunstancial. Não se volta mais ao local do baile de formatura, a não ser durante o dia, para fazer trabalho de divulgação das atividades do Grêmio.

Almir Ribeiro, um dos poucos itapetininganos negros a frequentar o Clube Venâncio Ayres. Este "privilégio" lhe era concedido por ser um dos cantores brasileiros de sucesso, nos anos de 1950. Faleceu no auge da carreira (Na foto, acompanhando a Miss Itapetininga, 1954).

A frequência do Clube 13 de Maio não era vedada aos brancos. Assim, em outros depoimentos, as mulheres declaram que rapazes de classe média branca frequentavam o local para dançar ou se aproximar das moças negras, consideradas sexualmente disponíveis. A moral masculina impedia as moças brancas de se aproximarem do local, frequentar suas festas, conviver com as moças negras de classe operária, muitas delas empregadas domésticas em suas casas.

Segundo outra depoente: "[...] os rapazes mais avançadinhos iam lá, mas uma moça branca? Jamais!"

E o trecho de outro depoimento é ainda mais contundente:

P. Você me disse que, no seu tempo de juventude, havia um problema assim: se você tivesse uma colega negra, poderia um rapaz branco acreditar que essa menina fosse mais disponível e você me explicou uma coisa que eu não entendi bem. Porque elas eram empregadas e os rapazes tinham acesso sexual às empregadas [...].

R. *Isso eles tinham. Os rapazes dormiam com as empregadas. Principalmente se as empregadas fossem mocinhas, isso independente de elas serem brancas ou negras. Eu ouvi dizer uma vez que as negras eram melhores.*

P. E quando acontecia de uma moça branca ter como colega uma moça negra, ela poderia ser abordada por um rapaz que achava que aquela moça negra era mais acessível [...].

R. *É. Elas já não andavam com a gente mesmo. Mas, no caso de ela pedir para andar com a gente, eu não sei qual seria nossa atitude. Eu também não sei porque eu não passei por isso. A gente chegar e dizer "vamos ao cinema, vamos passear", a gente nunca fez isso. Não era para evitar nada, não passava pela nossa cabeça fazer isso. A gente teve uma formação diferente, não passava mesmo pela nossa cabeça. Nem maldade, nem fazer um bem para aquela pessoa, de convidar para vir sentar na mesa, comer com a gente. Não era maldade. Não passava pela nossa cabeça. Não sei se podia andar, se não podia, ninguém falou nada.*

Aqui, além do aspecto moral que estabelece a relação entre mulher branca e mulher negra, na juventude destas entrevistadas, um segundo dado é igualmente importante. Na realidade, é esse dado que vai determinar o conceito de branquitude, visto por Frankenberg (1995). *Branquitude* pode ser definida através de três aspectos básicos:

1) uma situação de vantagem estrutural de privilégios raciais;

2) uma posição ou lugar do qual as pessoas brancas se observam, aos outros e à sociedade;

3) um conjunto de práticas culturais que são frequentemente não demarcadas e não nomeadas (p. 1).

Nos depoimentos, as mulheres percebem algumas das vantagens e privilégios que desfrutam, mas não os associam diretamente à raça. Porém, quando se sugere que façam a comparação entre sua condição e a do outro, elas relatam sempre posições de subordinação do outro. Não veem sua própria pobreza ou os esforços que a família fazia para manter um dado de igualdade estrutural de classe. Na entrevista que elegi para este artigo, a pessoa de confiança de seu pai é um "empregado" negro. As moças trabalham no comércio – as mais velhas relatam que não viam moças negras empregadas no comércio e os homens estavam sempre em trabalhos braçais – ou como empregadas domésticas, e isso delimitava uma posição de subordinação cotidianamente confirmada (HELLER, 1992). Entretanto, é a não demarcação ou nomeação racial que se nota como mais fortemente enganadora no processo da constituição da branquitude:

R. *O [Clube] Venâncio [Ayres] tinha exigências que não eram verbalizadas, tudo muito [...]. Mas a gente sabia que o Venâncio era racista.*

P. E os professores e pais, qual foi a reação deles?

R: *Ficaram surpresos, mas não se opuseram. Havia um ar assim de reticência, mas ninguém verbalizou nada. Os pais também, e alguns alunos não participaram da formatura. Não sei se foi por isso, mas alguns não foram.*

E ainda:

R: *Não sei se podia andar [com moças negras], se não podia; ninguém falou nada.*

Não tendo como demarcar sua condição racial, demarca-se a do "outro", e a não explicitação ou nomeação das razões de uma suposta superioridade confirma o que se verifica cotidianamente. O silêncio sobre sua própria racialidade faz exacerbar a racialidade do outro. A neutralidade torna a *raça* um dado dispensável. Torna-se, na verdade, uma porta de vidro. Gera a transparência de um universo que é observado como único, geral, imutável. São os "outros" que devem mudar. São os "outros" que devem se aproximar. São os "outros" que são vistos, avaliados, nomeados, classificados, esquecidos [...].

Branquitude e alteridade?

Se neutralidade e "transparência" racial correspondem à marca mais evidente da construção de uma identidade branca, o discurso sobre a alteridade, no interior dos estudos sobre relações raciais, necessitaria ser reavaliado. A constituição da alteridade é o reconhecimento de um *outro*, a partir de um *nós*. Exige processos cognitivos de comparação, classificação, constituição de semelhanças e de diferenciação, além da reciprocidade – eu sou o outro para ele; ele é o outro para mim. Porém, nos depoimentos, esses processos não se evidenciam. Não há com quem se comparar, a não ser consigo mesmo. Só existem as semelhanças e é com estas que eu construo um universo possível de ser compreendido e nomeado. A não percepção de si é condição para a não percepção do outro. As entrevistadas, em muitos casos, não sabem, não lembram, não veem pessoas negras ao seu redor e há um visível esforço de memória para incluir, no contexto do diálogo, um dado não percebido: *"Nossa! A minha memória se apagou para isso!"* – declara com espanto outra entrevistada.

Através do método dialógico utilizado nas entrevistas por Frankenberg (1995), a autora constata quatro modos de percepção do outro, na memória das mulheres entrevistadas. Destaquei aqui apenas dois, que parecem ser mais comuns, na memória das entrevistadas:

> [...] um [modo] parece, de início, caracterizar-se pela ausência de pessoas de cor na vida da narradora, mas acaba por ser apenas *aparentemente*[17] toda branca. Há contextos nos quais diferenças raciais estão presentes, mas não são significativas e funcionam como um filtro para a percepção, pois nem sempre podem ser conscientemente percebidas (FRANKENBERG, 1995: 43).

Esta pode ser uma das causas mais complexas para a escuta e decodificação das flagrantes vivências de racismo por crianças negras, por exemplo, no espaço escolar. Ali, muitas vezes, professoras brancas alegam não reconhecer práticas ofensivas entre crianças brancas e negras como expressões de racismo, ou dizem não saber como "lidar" com essas questões.

De todas as entrevistadas, apenas uma não é professora de 1º e 2º graus, embora algumas já não exerçam mais a função. Entretanto, as que a exerceram, ou as que ainda exercem, dizem se sentir muito desconfortáveis no momento de abordar questões raciais. Não compreendem a queixa ou tentam amortecer o impacto da

---

17. Grifo da autora.

ofensa, para o aluno queixoso. Não se sentem à vontade para ensinar fatos ligados às relações raciais: escravidão, discriminação, diferenças raciais.

Uma possível razão para este fato é que, no contexto de uma identidade em que "outro" só pode ser o semelhante, o discurso da "igualdade na diferença" não pode ser compreendido, pois o diferente não existe como "outro". O diferente nem sequer existe, já que eu não existo enquanto alguém também nomeado em termos de diferença. A posição racial não nomeada pode excluir a possibilidade de alguém reconhecer-se e reconhecer o outro em termos de igual-semelhante, igual-igual e igual-diferente.

Reflexões finais

Até onde meus estudos me levaram, ainda não é possível estruturar um panorama da branquitude em universos mais amplos no Brasil. Não é possível generalizar os efeitos da socialização de brancos como modo de conformação de identidades onde a alteridade não possa ser reconhecida. Em alguns dos depoimentos, as mulheres entrevistadas demonstram uma espécie de indiferenciação de cor/raça de si e do outro, quando este se encontra em posição de igualdade de classe ou entre pares (como nas disputas esportivas, por exemplo).

Por outro lado, o que é dado como realidade e o que sustenta muitas das experiências dessas mulheres é a recorrência cotidiana de relações de subordinação.

Para Agnes Heller (1992), a vida cotidiana possui uma significação. Não é apenas heterogênea (nela ocorrendo vários aspectos de conteúdo e significado da vida), mas também hierárquica. Esta hierarquia não é eterna e imutável, mas modifica-se de modo específico em função das diferentes estruturas econômico-sociais.

> [...] A heterogeneidade e a ordem hierárquica (que é condição de organicidade) da vida quotidiana coincidem no sentido de possibilitar uma explicitação "normal" da produção e da reprodução, não apenas no "campo da produção" em sentido estrito, mas também no que se refere às formas de intercâmbio [...] (HELLER, 1992: 18).

No que se refere às formas de intercâmbio e *assimilação imediata* dessas formas da comunicação, que atestam a maturidade dos seres humanos para a cotidianidade, elas ocorrem sempre "por grupos", seja a escola, a família, as pequenas comunidades. Esses grupos, *vis à vis*, estabelecem uma mediação entre os indivíduos e os costumes, as normas e a ética de outras integrações maiores. O homem aprende no grupo os elementos da cotidianidade, os quais, mais tarde, o integrarão no mundo amplo, onde estão diluídas as dimensões do grupo comunitário e poderá orientar-se para mover-se nesse mundo amplo, além de mover este mesmo ambiente (HELLER, 1992: 18s.).

David Roediger (1995) observa que se a raça é ideologicamente construída, ela o é a partir de padrões de vida reais, predizíveis e repetidos. É a conexão com a realidade que confere à raça um tal poder de apelo ideológico. Percepções do mundo em termos raciais ocorrem porque "parecem razoavelmente consistentes em relação a aspectos da experiência de vida das pessoas" (HELLER, 1992: 19). Ou seja, para brancos (tanto quanto para negros), a experiência racial pode confirmar ou desconfirmar a visão que uma pessoa tem do outro (ou do *out-group*), através de dados "de realidade" observáveis, tais como aparência, objetos, lugares etc.

Assim, ainda que este ensaio não venha a sugerir formas de superação destas "realidades", fica aqui a indicação para iniciarmos uma reflexão sobre como ultrapassar as "consistências" oferecidas pelo cotidiano, não apenas enquanto discriminados, mas igualmente como discriminadores. Atuar sobre um poder por vezes mais simbólico do que real, sobre crenças de supremacia branca, sobre valores "neutros" e "transparentes" é um esforço igual ou talvez maior do que o que se despende para apagar das mentes de pessoas discriminadas as marcas do preconceito, do medo, da insegurança e da desigualdade.

É trabalho conjunto, para muitas décadas, durante as quais as formas "consistentes" do cotidiano possam ser alteradas, a ponto de reformularem também as imagens que temos de nós mesmos e uns dos outros.

Referências

CROSS JR., W. (1991). *Shades of black*: diversity in African-American identity. Philadelphia: Temple University Press.

CLUBE VENÂNCIO AYRES (1979). *Estatuto do Clube Venâncio Ayres*. Itapetininga.

DEGLER, C. (1971). *Neither black nor white*: slavery and race relations in Brazil and United States. Nova York: MacMillan.

DU BOIS, W.E.B. (1996). *The talented tenth*. In: GATES, JR. et al. *The future of the race*. Nova York: Vintage Book [Publicado originalmente em *The negro problem*, 1903].

EUA/DEPARTAMENTO DO TRABALHO (1991). *Relatório sobre a iniciativa do Teto de Vidro* [Relatório da Comissão Tripartite contra a discriminação racial no trabalho].

FERNANDES, F. (1978). *A integração do negro na sociedade de classes*. Vols. I e II. São Paulo: Ática.

FIDÊNCIO, C. (1986). *Itapetininga, ontem-hoje*. Itapetininga: Cehon.

FRANKENBERG, R. (1995). *White women, race matters*: the social construction of whiteness. Minneapolis: University of Minnesota Press.

GUILLAUMIN, C. (1972). *L'ideologie raciste*: genèse et language actuel. Paris: Mouton.

HELLER, A. (1992). *O cotidiano e a história*. São Paulo: Paz e Terra.

HELMS, J.E. (1990). *Black and white racial identity*: theory, research and practice. Nova York: Greenwood.

McINTOSHI, P. (1989). White privilege: unpacking the invisible knapsack. In: *Peace and freedom*. [s.l.].

MUNANGA, K. (1986). *Negritude*: usos e sentidos. São Paulo: Ática.

MUNICÍPIO DE ITAPETININGA. *Lei n. 2962*. Prefeitura Municipal, 12 de dezembro de 1989.

NOGUEIRA, O. (1985). *Tanto preto quanto branco*: estudos das relações raciais. São Paulo: T.A. Queiroz.

_____ (1962). *Família e comunidade*: um estudo sociológico de Itapetininga. Rio de Janeiro: Centro Brasileiro de Pesquisas Educacionais/Instituto Nacional de Estudos Pedagógicos/Ministério da Educação e Cultura.

_____ (1955). Relações raciais no município de Itapetininga. In: BASTIDE, R.; FERNANDES, F. *Relações raciais entre negros e brancos em São Paulo*. São Paulo: Anhembi, p. 362-553.

OLIVEIRA, R. de (1992). *Relações raciais na escola*: uma experiência de intervenção. São Paulo [Dissertação de Mestrado, Supervisão e currículo. PUC-SP].

PINTO, R.P. (1993). *O movimento negro em São Paulo*: luta e identidade. São Paulo [Tese de Doutorado. Universidade de São Paulo. FFLCH – Departamento de Sociologia].

PIZA, E. (1998). *O caminho das águas*: personagens femininas negras escritas por mulheres brancas. São Paulo: Edusp/Com-Art/Fapesp.

ROEDIGER, D. (1995). *Towards the abolition of whiteness*. Nova York: Verso.

SEADE/Itapetininga (1994). *Dados informativos*. São Paulo/Itapetininga: Seade/Prefeitura.

TATUM, B.D. (1997). *Why are all the black kids sitting together in the cafeteria? and other conversation about race*. Nova York: Basic Books.

TEIXEIRA, M.A. da S.B. (1992). *Resgatando a minha bisavó*: discriminação racial e resistência nas vozes de trabalhadores negros. São Paulo [Dissertação de Mestrado, Psicologia Social na PUC-SP].

4 COR NOS CENSOS BRASILEIROS[1]

Edith Piza
Fúlvia Rosemberg

Na literatura brasileira sobre cor, desde os trabalhos de Oracy Nogueira (1985), que distinguiu a regra de origem (descendência) da regra de marca (fenótipo), tem-se mencionado a permeabilidade da passagem da linha de cor no sentido do branqueamento. A expressão "o dinheiro embranquece", mesmo relativizada por Nelson do Valle Silva (1992) e reservada a indivíduos racialmente não muito distantes, tem sido o paradigma para se pensar e discutir a fluidez da linha de cor no Brasil. Entretanto, é necessário refletir um pouco mais sobre os processos de auto e heteroidentificação da cor no Brasil para se perceber a sua complexidade.

---

1. Este artigo teve sua origem em uma pesquisa realizada no núcleo de estudos sobre relações de gênero, raça e idade, do departamento de pós-Graduação em Psicologia Social, da Puc-SP, financiado pela Fundação Ford, em meados de 1990.
Naquele momento, a bibliografia sobre coleta de cor no Brasil foi exaustivamente levantada, porém era bastante escassa, embora houvessem estudos que tratassem indiretamente do problema, além da literatura do IBGE, principalmente as instruções para a coleta dos censos modernos decenais e das séries históricas.
No decorrer dos quase dez anos que separam a formulação original deste estudo dos dias atuais, alguns estudos altamente relevantes foram desenvolvidos sobre esta questão Assim, no sentido de atualizar o leitor, listamos aqui a bibliografia mais recente sobre o tema:
IBGE. *A cor denominada*: um estudo do suplemento da pesquisa mensal de emprego de julho de 1998. Rio de Janeiro: IBGE, 2000. [Texto para discussão, Diretoria de Pesquisa n. 3. Autor: José Luiz Petrucelli.]
GUIMARÃES, Antonio Sérgio A. *Racismo e anti-racismo no Brasil*. São Paulo: Ed. 34, 1999.
PINTO, Regina Pahim. *Os problemas subjacentes ao processo de classificação de cor na população Brasil*. Rio de Janeiro: IBGE, 1996. [Textos para discussão.]
TELLES, Edward & LIM, Nelson. Does it matters who answers the race question? Racial classification and income inequality in Brazil. In: *Demography*. Vol. 35, n. 4, [s.l.], 1998.
Resta ainda ressaltar que, apesar dos esclarecimentos dados por pesquisadores e militantes à imprensa e órgãos que utilizam o quesito cor em suas pesquisas, o uso da palavra *negro* vem associado a pessoas de cor preta. Mais de uma vez nos foram pedidos esclarecimentos sobre este tipo de uso da cor e de um referencial seu de caráter político. Entretanto, ao ignorar esta diferença entre termos, a mídia e outras instituições confundem o leitor e não deixam margem à própria população de se incluir ou não numa categoria que demanda consciência racial e outra que se refere exclusivamente aos dados de aparência.

O padrão contemporâneo de classificação de raça no Brasil tem sido preferencialmente fenotípico, e este padrão parece ter mantido uma certa constância no plano das relações interpessoais, como podem confirmar estudos estrangeiros e brasileiros sobre a terminologia utilizada na autoatribuição de cor, a qual se baseia em um sistema combinado de cor da pele, traços corporais (formato do nariz, lábios, tipo e cor de cabelo) e origem regional. Também no plano institucional[2] isso se traduziu por poucas variações no vocabulário utilizado para coletar a cor da população, as quais estão vinculadas a aspectos históricos e sociais próprios de cada um dos seis censos anteriores ao de 1991[3] que coletaram dados sobre o quesito cor.

A *cor brasileira* e a *democracia racial brasileira* têm sido objeto de estudos sistemáticos de pesquisadores estrangeiros que apontam ora a variação na nomeação da cor (PIERSON, 1951 e 1967; WAGLEY, 1952; HARRIS, 1964), ora as estratégias sociais e raciais de encobrimento do racismo (através de processos falhos ou inexistentes de coleta da cor pelos censos), ao mesmo tempo que registram uma aparente tolerância racial no processo de miscigenação, em face dos padrões birraciais europeu e americano (SKIDMORE, 1991); ora reproduzem, sem contestar, as crenças nas relações fluidas, e ainda muito pouco conhecidas, entre linhas de cor e classe social. O mito (alimentado pela ideologia da democracia racial) de que o dinheiro embranquece e de que, no Brasil, o espectro de cores corresponde a uma cor puramente social aparece com freqüência em estudos comparativos (cf. DAVIS, 1992). Considerando sempre uma perspectiva unilateral – a da população negra[4] brasileira –, estudos estrangeiros e mesmo brasileiros deixam de notar que, no processo brasileiro de construção de identidade, a população de brancos (ou dos que assim se considerem) não coloca como dado importante de identidade sua cor, raça ou etnia, como ocorre, por exemplo, na sociedade americana. A desconsideração des-

---

2. O Instituto Brasileiro de Geografia e Estatística – IBGE – é o órgão responsável pela realização, pelo processamento e pela divulgação dos recenseamentos realizados a cada dez anos e pelas Pesquisas Nacionais por Amostra de Domicílio (Pnads), realizadas anualmente.

3. Os censos a que nos referimos aqui são os de 1872, 1890, 1940, 1950, 1960 e 1980.

4. No contexto deste trabalho, usaremos a palavra negro para designar o segmento racial composto por pessoas que foram classificadas ou se classificaram nos censos como sendo de cor preta e parda.

se dado pelos estudos estrangeiros e brasileiros é mais um grande complicador para a interpretação das relações raciais brasileiras, principalmente na compreensão do redobrado esforço que militantes e estudiosos devem realizar para manter a questão racial como fator reconhecido de diferenças sociais.

A pergunta mais frequentemente feita por pesquisadores aos dados censitários brasileiros é no sentido de apontar um problema comum aos países de população mestiça: como se dá a autoclassificação de cor do grupo mestiço (já que este é o critério estipulado pelo IBGE para a coleta da cor)? As pesquisas estão geralmente interessadas na propriedade da resposta do entrevistado aos critérios estabelecidos pelas instituições responsáveis pelas coletas, isto é, os estudos questionam o dado em sua dimensão macro. Entretanto, quando um respondente dos censos brasileiros declara sua cor, ele o faz em função de determinações tanto macroestruturais quanto microestruturais.

As determinações macroestruturais têm sido objeto de estudos que estabelecem as ligações estreitas entre declaração da cor e tentativas individuais ou institucionais de branqueamento. Poucos estudos têm se ocupado da formulação e mudança dos conceitos raciais e das decorrências dessas mudanças para os dados censitários. Assim, os aspectos microestruturais foram os que percebemos como mais necessitados de observação. Neste nível, percebemos a lacuna existente na compreensão da aplicabilidade da terminologia racial dos censos e sua reinterpretação pelos sujeitos na incessante troca entre o olhar de si e o olhar do outro que (in)formam o campo da identidade racial.

Tentamos considerar aqui o diálogo entre essas duas instâncias, visando compreender mais profundamente os processos de auto e de heteroatribuição de cor[5] na sociedade brasileira.

---

5. Entendemos por autoidentificação tanto as escolhas de cor feitas pelos indivíduos respondentes do rol das cores existentes no vocabulário racial brasileiro quanto no vocabulário utilizado pelos censos. Por heteroidentificação entendemos a atribuição de cor ou raça realizada pelo conjunto da sociedade brasileira aos descendentes de pretos, pardos, índios e brancos em que um componente racial ou de cor vem associado a posições sociais simbólicas e/ou concretas. Entendemos ainda que, apesar do procedimento do Censo ser o de assumir a cor explicitada pelo declarante como cor autoatribuída, as cores escolhidas fora do grupo de cor utilizado pelo Censo fazem parte do conjunto de cores surgidas nos processos de interação social entre grupos racialmente diferentes, onde auto e heteroidentificação se mesclam.

A cor nos censos

O Censo de 1872, primeiro recenseamento geral da população brasileira, pertence ainda ao período histórico dos censos brasileiros que Marcílio (1974) chama de *proto-estatístico*[6], caracterizado por dados abundantes (registros paroquiais), mas de qualidade e valor desiguais, principalmente porque não explicitam os critérios utilizados nos processos de coleta. Nele, a cor da população brasileira é estabelecida para todos os quesitos, como subtópico da condição social, então dividida entre livres e escravos. Os termos escolhidos para classificar a população foram: *branco, preto, pardo* e *caboclo*. Pardos são compreendidos como resultantes da união de pretos e brancos; caboclos são os indígenas e seus descendentes. Considerando que os termos branco, preto e pardo são cores e caboclo possui raiz na origem racial, o Censo de 1872 parece ter usado um critério misto de fenótipos e descendência para a caracterização racial da população.

O Censo de 1890, segundo Censo geral da população, publicou dados sobre cor somente para a população geral e por estado civil. Utilizou os termos *branco, preto, caboclo* e *mestiço*. O critério misto é novamente utilizado, só que, neste caso, mestiço (referindo-se exclusivamente ao resultante da união de pretos e brancos) e caboclo estão vinculados à descendência.

É importante notar que o critério de descendência vigorou no Brasil em determinadas circunstâncias e momentos históricos. Alguns estudos realizados em documentos do século XVIII apresentam a condição de mestiço (mulato) vinculada a um critério de descendência. No estudo de Laura de Mello e Souza (1991) sobre a criação de crianças abandonadas com estipêndios do Senado Provincial de Mariana, Minas Gerais, a autora constata que, embora

---

6. A coleta de dados censitários no Brasil não é recente. Marcílio (1974) propõe a existência de três períodos distintos na demografia brasileira. O primeiro, que a autora chama de *pré-estatístico*, vai do início da colonização até a metade do século XVIII e caracteriza-se pelas poucas estimativas gerais, normalmente aceitas pelos demógrafos, apesar de não incluírem a população de índios que vivia fora do contato com o branco. O segundo momento – *proto-estatístico* – inicia-se na segunda metade do século XVIII e termina com o primeiro recenseamento geral, em 1872. O terceiro período, chamado de *era estatística*, tem início em 1872 e reproduz-se na série de censos realizados posteriormente, mantendo-se a data de 1940 para a inclusão do Brasil entre os países que realizam censos periódicos, por métodos modernos de coleta e publicados sistematicamente por um órgão especializado – o IBGE (MARCÍLIO, 1974: 6s.; IBGE, 1990: 22).

fosse proibida por lei a discriminação racial na prática da caridade camerária ou das Misericórdias, a Câmara da cidade de Mariana exigia "atestado de brancura" para doações às instituições ou pessoas por elas encarregadas da criação de expostos. No caso de a criança ser denunciada como mulata, deixava de receber a doação e ficava obrigada a repor tudo o que lhe tivesse sido pago pela Câmara. O Alvará de 1775 tornava livre os expostos de cor preta ou mulata. Entretanto, o acatamento pela Câmara de denúncias sem necessidade de comprovação (como nos tribunais inquisitoriais) sobre a origem das crianças expostas, sugere que essas crianças, livres por direito, foram depois reescravizadas (MELLO e SOUZA, 1991: 33-37) em virtude de denúncias sobre sua origem racial. Durante o século XIX também se pode encontrar casos de utilização de critérios de origem para a atribuição de cor. Lima e Venâncio (1991), estudando a condição de expostos no Rio de Janeiro após a Lei do Ventre Livre, constatam que depois de 1871 há um crescimento de declaração de expostos como *pardos*, decaindo expressivamente o número de brancos (1991: 69). É possível supor que, sendo a criança exposta e nascida a partir dessa data, hipoteticamente livre[7], não fosse mais necessário burlar a regra de descendência para receber estipêndios que pagassem os custeios de sua criação. No caso de adultos, Sérgio Buarque de Holanda (1993) comenta a ordem régia de 1726, que vedava "a qualquer mulato, até a quarta geração, o exercício de cargos municipais em Minas Gerais, tornando tal proibição extensiva aos brancos casados com mulher de cor". O autor considera, entretanto, que essa ordem não foi cumprida à risca em outras províncias, pois um parecer de D. João V, de 1731, sobre uma denúncia feita em Pernambuco contra o bacharel nomeado Antonio Ferreira Castro, alegava que "o defeito de ser pardo não obsta para este ministério e se repara muito que vós [denunciante], por este acidente, excluísse um Bacharel Formado provido por mim para introduzirdes e conservardes um homem que não é formado, o qual nunca o podia ser por Lei, havendo um Bacharel Formado" (Holanda, 1993: 24s.).

Durante o início do século XX, os censos de 1900 e 1920 não incluíram cor em sua coleta de dados. Estes censos pertencem já à

---

[7]. A Lei do Ventre Livre previa o aproveitamento da criança como escravo até os oito anos de idade e houve também casos de reescravização (MOURA, 1991).

chamada *era estatística*, e o Censo de 1920, ao não incluir este quesito, justifica-se nos seguinte termos:

> [...] as respostas [ocultam] em grande parte a verdade, especialmente com relação aos mestiços, muito numerosos em quase todos os Estados do Brasil, e de ordinário os mais refratários à cor original a que pertencem [...] *sendo que os próprios indivíduos nem sempre podem declarar sua ascendência, atendendo a que em geral o cruzamento ocorreu na época da escravidão ou em estado de degradação social da progenitora do mestiço. Além do mais, a tonalidade da cor da pele deixa a desejar como critério discriminativo, por ser elemento incerto* [...][8] (apud LAMOUNIER, 1976: 18).

Esta justificativa aponta novamente para a forma mista de classificação utilizada no Brasil, lembrando a dificuldade do entrevistado em declarar sua origem, ou de se definir (ou ser definido) fenotipicamente pela cor.

O próximo Censo brasileiro a coletar cor foi o de 1940. Este Censo, primeiro da série de censos modernos decenais, estabelece o critério de atribuir as cores *branco, preto, pardo* e *amarelo* à população brasileira (cf. critérios a seguir). Sua coleta sobre cor, como a de 1872, é extensa e abrange todos os outros quesitos de caracterização da população. A partir desse Censo, os termos utilizados para designar a cor não variaram mais.

O Censo de 1950 (o segundo da idade contemporânea dos censos brasileiros), segue as cores utilizadas no Censo de 1940 e, na parte destinada aos conceitos, refere-se à cor nos seguintes termos:

> Cor – Distribuiu-se a população, segundo a cor, em quatro grupos – brancos, pretos, amarelos e pardos –, incluindo-se neste último os índios e os que se declararam mulatos, caboclos, cafuzos etc. Reconhecendo embora tal circunstância, julgou-se oportuno proceder a uma pesquisa, uma vez que o recenseamento tem sido, no Brasil, o meio empregado para obter elementos mais amplos sobre este assunto (IBGE, 1956: xvii-xviii).

---

8. Grifo nosso.

Os censos posteriores, de 1960 e 1980, não fazem menção aos problemas do respondente com a declaração de sua cor, explicitando apenas a classificação estabelecida para a coleta.

O Censo de 1970 não coletou cor nem explicitou os motivos. Este Censo ignorou a cor como dado necessário à caracterização da população brasileira. Durante a década de 1970, estudos criteriosos como o de Costa (1974) sobre inclusão do quesito cor em censos futuros foram realizados por pressão de pessoas interessadas nesses dados (movimento negro e pesquisadores) visando a preparação para a coleta do Censo de 1980.

Diante dos argumentos e justificativas dos censos para a inclusão ou não do quesito cor, perguntamos: onde reside a dificuldade de incorporação da cor e seu tratamento nos censos?

Benedict Anderson (1991: 164-170), em estudo sobre a formação das nações asiáticas após a independência das metrópoles europeias, alerta para a importância de se compreender como, em momentos específicos da história, a raça torna-se elemento destacado nos estudos demográficos, enquanto em outros chega a passar desapercebida. Segundo Hirschman (apud ANDERSON, 1991: 165), que estudou as categorias censitárias na Malásia, à medida que a colonização se fixa, as categorias dos censos tornam-se mais visíveis e exclusivamente raciais; depois da independência, elas são mantidas de forma mais concentrada, mas redesenhadas e reordenadas.

Este fenômeno pode ser constatado nos censos brasileiros em alguns momentos: em 1872, quando a colônia ainda está muito presente (apesar da Independência), a cor é aplicada a todos os quesitos pesquisados; em 1890, com a mudança do regime monárquico para a República e o final da escravidão, o censo se preocupa menos com as raças e mais com as nacionalidades representadas na população, resultante da política de imigração para repor a mão de obra escrava.

Posteriormente, no Censo de 1940, realizado sob um regime político de inspiração fascista, para o qual a raça desempenha papel importante na formulação da nacionalidade, o quesito cor (e seu derivativo racial) vai ser retomado e exaustivamente explorado. A inovação deste Censo, comparando-se aos censos asiáticos do século XIX estudados por Anderson, não se sustenta na "construção de classificações étnico-raciais, mas [...] em sua quantificação sistemática" (ANDERSON, 1991: 168)[9].

Em 1872 inaugura-se a fase de coletas dos recenseamentos gerais. Em 1890, o recenseamento da população se repetiu, porém com resultados questionáveis, uma vez que a coleta ocorreu em um momento político muito conturbado da história brasileira, com o advento da República e rompimento entre Igreja e Estado[10]. Em 1900 e 1920 realizaram-se ainda outros dois recenseamentos gerais da população. Neste último são incorporadas, pela primeira vez, informações referentes à produção agrícola e industrial. Nas décadas de 1910 e 1930 (períodos das I e II Guerras Mundiais) não houve coleta censitária.

A idade de ouro dos censos nacionais inicia-se com a coleta de 1940, para a qual contribuiu o demógrafo italiano Giorgio Mortara, inaugurando-se a série de censos modernos decenais. Realizado com extrema acuidade, este Censo deu início ainda à inclusão de quesitos especiais sobre a população feminina (fecundidade e mortalidade) e dados extensos sobre cor da população. O Censo de 1950 segue o de 1940 em diversidade de quesitos pesquisados.

---

9. Os objetivos das primeiras coletas sobre a população variaram de acordo com o momento político e os interesses portugueses no Brasil. Assim, até 1750, os dados coletados visavam "fornecer informações sobre as ordens de grandeza dessa população". A partir de 1750 (período extrativista) os objetivos da Coroa Portuguesa são nitidamente militares: Portugal deseja saber quanto da população livre e adulta da colônia pode ser utilizada na defesa do território. A coleta era realizada pelas Companhias de Ordenança, com a ajuda da Igreja Católica, que já realizava a inscrição das famílias e escravos nas listas de "desobriga pascal", nos registros de casamento e de batismo. Após 1750 (período do vice-reinado), o objetivo muda: agora é eleitoral e interessa à Coroa saber quanto da população livre e adulta estava apta a votar nas assembleias provinciais e a apresentar candidatos elegíveis nas assembleias e no Senado (IBGE, 1990: 22s.). Neste período, a Igreja se encarrega da coleta, através das listas nominativas recolhidas em cada paróquia, "que constituía a unidade de informação e a base para o número de eleitores [...]". Este procedimento apresentava muitas falhas e excluía parcelas importantes da população. Por exemplo: "[...] os menores de 7 anos não estavam sujeitos ao preceito pascal e, portanto, não constavam das listas de desobriga [...]". Após a independência (1822), os objetivos são cada vez mais eleitorais e, novamente, "[...] parcela significativa da população constituída de não eleitores mulheres, crianças e escravos não é contabilizada" (IBGE, 1990: 23).

10. Cf. a esse respeito os comentários de Francisco Mendes da Rocha (o então responsável pela Oficina de Estatística) sobre as condições sociais e políticas de realização da coleta (República dos Estados Unidos do Brazil, 1898 – *Introdução à Sinopse*).

No Brasil, o reconhecimento das questões raciais é antigo[11]. Atendo-se principalmente ao aspecto da constituição de uma nacionalidade brasileira, surgem, no século XIX, as propostas de uma "virilização da raça"[12], compreendida através dos mecanismos de embranquecimento da população brasileira possibilitados pela imigração europeia. Até o período dos anos de 1920, os argumentos para a formação de uma nacionalidade são nitidamente raciais. A partir de 1930, porém, com a repercussão dos estudos de Gilberto Freyre que aparentemente colocam as três raças num nível isomorfo de constituição da cultura, a raça tende a ser menos considerada, em detrimento de uma cultura brasileira de caráter nacional (SCHWARCZ, 1993: 247). Em 1940, os esforços das equipes de governo são no sentido de estabelecer uma nacionalidade única, principalmente através da educação dos filhos de imigrantes que tendiam a preservar suas culturas de origem (SCHWARTZMAN et al., 1984).

Após o Censo de 1950, o quesito cor foi coletado duas vezes, em 1960 e 1980, sendo publicado de forma – usando a expressão de Thomas Skidmore (1991) – "esquelética".

Esta pobreza de informações estatísticas, tanto em sua coleta quanto em sua divulgação, tem sido denunciada como estratégia para jogar a questão racial no limbo das discussões sobre prioridades nacionais econômicas, políticas, sociais, culturais e educacionais.

De alguns anos para cá, principalmente a partir do processo de abertura política e da mobilização dos movimentos sociais, vários grupos e centros de estudos têm analisado as relações raciais a partir de dados macroestruturais: caracterização demográfica da população, perfil de mortalidade, fecundidade, participação no

---

11. Alguns autores como Schwarcz (1993) a situam em 1871, momento da declaração da Lei do Ventre Livre, que impunha uma nova perspectiva de relações entre negros e brancos no Brasil.

12. Referimo-nos à obras do período como as de Mario Pinto Serva (1923) que, ao formularem a "nova" estrutura da sociedade brasileira, não se esquecem de alertar que "somos uma nação em formação, crysalida, nebulosa, massa ethnica ainda informe, heterogênea e plástica que assumirá os caracteres que lhe imprimirem os *directores mentaes* de sua evolução" e que deveríamos adotar os critérios objetivos "[...] das raças educadas no senso positivo das realidades [...] numa campanha pelo levantamento moral e social das subrraças que habitam o paiz [...]" (p. 79 e 122).

mercado de trabalho, situação das mulheres e trajetórias educacionais.

Critérios contemporâneos de coleta

Costa (1974) oferece a resposta mais abrangente sobre a problemática da inclusão do quesito cor nos censos brasileiros. Tereza Cristina N.A. Costa realiza um estudo que apresenta as teorias sociológicas sobre "relações interétnicas" e, a partir da discussão sobre o significado de termos como raça, etnia e cor, que ela observa serem usados indistintamente, desenvolve um estudo sobre as dificuldades do levantamento do quesito cor nos censos.

A primeira dificuldade enfrentada, segundo a autora, é a inexistência de critérios universais para o levantamento desse quesito. A ONU, manifestando-se sobre este assunto, considerou que dados a respeito das características étnicas, raciais e de nacionalidade estavam sujeitos a condições e necessidades nacionais. Para a ONU (apud COSTA, 1974: 98) a dificuldade reside basicamente no tipo de composição da população onde a cor vai ser pesquisada e nos significados atribuídos à cor. Ou seja, em países de população miscigenada, o quesito cor pode resultar em respostas que reflitam apenas os significados sociais que a cor apresenta nessa população; seja para os aplicadores do quesito, seja para os respondentes do censo. Corre-se o risco, ainda segundo a ONU, de os respondentes falsearem a cor, afiliando-se ao grupo que tenha mais prestígio social, ou de o coletor do Censo identificar grupos em ascensão ou em descenso a partir de uma "cor social".

Os problemas das coletas sobre a cor em países de população multirracial, como no caso do Brasil, têm como ponto marcante de conflito a existência, no contínuo de cores da população, do grupo dos *pardos*. Este se constitui como o grupo onde a variação do pertencimento parece ser maior e mais influenciada pelos significados sociais da cor. É esta população que mais fluidamente transita pelas linhas de cor, estabelecendo limites geralmente amplos (WOOD, 1991).

O Censo de 1940 foi o primeiro a explicitar seus critérios e procedimentos para a coleta da cor da população: "Côr[13] – Os critérios adotados nos diversos censos brasileiros, no que diz respeito à qualificação da côr, não têm sido mantidos uniformemente, variando ainda em relação à linguagem corrente". No Censo de 1940, a classificação segundo a cor resultou nas respostas ao quesito proposto, dadas de acordo com a seguinte forma de declaração, preceituada na instrução:

> Responda-se *preta, branca, amarela*, sempre que for possível qualificar o recenseado segundo o característico previsto. No caso de não ser possível essa qualificação, lance-se um traço horizontal no lugar reservado para a resposta.

Daí resultou a classificação da população em três grandes grupos étnicos – pretos, brancos e amarelos –, e a constituição de um grupo genérico sob a designação de pardos, para os que registraram declarações outras como caboclo, mulato, moreno etc., ou se limitaram ao lançamento do traço. Somente nos casos de completa omissão da resposta foi atribuída a designação côr não declarada. Apenas nos quadros 4 e 62 figuram separadamente os grupos "pardos" e "pessoas de côr não declarada"; em todos os demais foram os dois englobados, atendendo ao pequeno número dos que constituíam o segundo e ainda a que a omissão da resposta traduziria, em muitos casos, uma reserva à declaração expressa de mestiçagem (IBGE, 1950: xxi).

Optamos por incluir esta longa citação porque nela parecem expressar-se, de um lado, as mudanças no critério racial de cor; de outro, as ambiguidades presentes não tanto na definição de cores quanto no procedimento de coleta.

A mudança de critérios ocorre a partir deste Censo, quando o grupo dos descendentes de indígenas (caboclos) passa a ser incorporado ao grupo de *pardos,* possivelmente entendidos como mestiços de pretos e brancos, nos censos de 1872 e 1890. Os caboclos, classificados agora como pardos, parecem ter perdido sua referência racial e se incorporado ao grupo de mestiços, genericamente falando.

---

13. Mantivemos a grafia original do texto.

Quanto às ambiguidades, podemos formular duas perguntas: 1) por que foram incorporados no grupo de pardos, além daqueles que são normalmente classificados nesse grupo, os que não declararam sua cor?; 2) quem respondeu ao quesito cor no Censo de 1940?

Observando-se o que o Censo de 1940 estabeleceu como critério para a coleta de cor, temos o seguinte: 1) os não declarantes eram incluídos no grupo de pardos porque "em muitos casos, [havia] uma reserva à declaração expressa da mestiçagem". Ou seja, eram pardos, mas não desejavam explicitar o componente preto de sua condição racial, tanto quanto, ao que parece, não explicitavam o componente branco; 2) quando o declarante não se situava em nenhuma das três cores propostas, o coletor lançava um traço no espaço destinado ao quesito cor e, a partir desta referência, criou-se uma categoria de *pardos*. Esta categoria foi a soma das declarações não convencionadas no Censo (branca, preta e amarela) e das possíveis "inferências" realizadas pelo coletor do Censo (nos casos interpretados como "reserva à declaração expressa de mestiçagem"). Assim, no Censo de 1940, os pardos formaram um grupo de cor criado *a posteriori*, a partir desses dois critérios de resposta. Parte das respostas sobre pardos foi dada pelos declarantes, parte foi inferida pelos coletores e analistas do IBGE.

O Censo de 1950 incorporou o grupo de pardos, nele englobando as declarações das muitas cores e origens que formam o espectro racial deste grupo. A partir desse Censo fixam-se as nomeações da cor e o procedimento de coleta através da autoclassificação, as quais têm sido mantidas nas instruções e definições de conceito até hoje. Explicita que ali foram incorporados os que assim *se declararam*. A diferença entre este modelo de coleta e o utilizado em 1940 parece residir no fato de que o Censo de 1950 incorpora a declaração dos respondentes, enquanto o de 1940 *instrui* o coletor na forma de classificar os pardos. Portanto, nada mais natural que seja o Censo de 1950 o primeiro a explicitar não o "drama" do respondente mestiço (exemplo dado pelos comentários dos censos de 1920 e 1940), mas o do coletor do Censo que, ao se defrontar com a resposta do declarante, ainda assim respeitou o critério de autoclassificação e manteve o procedimento estabelecido.

O critério, a instrução e a prática

Se nas instruções do Censo a questão é aparentemente simples – quem responde ao quesito e quem atribui o nome da classificação (que podem ser processos independentes, como parece ter ocorrido no Censo de 1940) – na prática concreta da pesquisa, a dinâmica é mais complexa, como informa Araujo (apud BERQUÓ, 1988) e como pudemos observar quando por ocasião da sondagem sobre o perfil do aluno de cursos de alfabetização de adultos na cidade de São Paulo (JANUÁRIO et al., 1993). Assim, Tereza Cristina Araújo afirma que

> [...] há [em] situações de pesquisa, como em outras situações sociais, toda uma etiqueta de relacionamento elaborada, no caso, a partir da ideologia das relações raciais na sociedade brasileira, que faz com que de fato sejam várias as possibilidades de obtenção do registro da informação da cor envolvendo tanto o informante quanto o entrevistador (apud BERQUÓ, 1988: 3).

De nossa experiência pessoal com a coleta do quesito cor (JANUÁRIO et al., 1993) pudemos perceber momentos em que, neste entrejogo de relacionamentos, surgiu com nitidez a problemática do critério estabelecido (autoclassificação pelas cores estabelecidas nos censos a partir de 1950 – *branco, preto, pardo, amarelo*). Reportamos aqui duas situações que vivemos na pesquisa anteriormente mencionada sobre o perfil racial de alunos de cursos de alfabetização na cidade de São Paulo.

Durante a realização do pré-teste, uma das pesquisadoras iniciou as entrevistas por uma das alunas da sala, uma moça de cor preta, cuja pele não demonstrava, para o olhar da entrevistadora, um único sinal de mestiçagem. Quando perguntada sobre sua cor, e depois de ouvir as quatro cores nas quais podia se situar, não titubeou e respondeu – *branca*! A pesquisadora certamente conteve muito mal o espanto, porque a declarante repetiu a resposta enfaticamente. À pesquisadora não coube mais do que marcar com um *X* o espaço ao lado da palavra *branco* e lembrar para sempre o espanto causado pela resposta, com a certeza de que a resposta veio da possível irritação que a pergunta causou à declarante (talvez pela obviedade da resposta).

São inúmeros os exemplos da distância entre a expectativa do Censo e a compreensão da população. Houve casos em que o declarante associou a cor da pele de *pardo* à *amarelo* e deliberou durante algum tempo sobre a possibilidade de ser *amarelo*, optando, depois, por *pardo* (ou por *moreno*). Uns poucos declararam-se *amarelos*, ressalvando, porém, que não estavam doentes (*amarelo* sendo associado a estado de saúde, e não à raça).

No que toca à autoclassificação por outros termos indicativos de cores, fora os quatro apresentados na questão fechada dos censos, os declarantes recorriam ao rol de cores que se situam entre os muitos termos localizados na literatura especializada. Para os respondentes, o problema da classificação surgia quando os entrevistados tentavam fazer o diálogo entre os termos de que dispunham para se referirem às tonalidades possíveis de *pardo* e a aridez do termo *pardo*, proposto na questão fechada sobre cor.

Retomando as palavras de Tereza Cristina N.A. Costa, e a nossa própria experiência com respondentes do Censo de 1991, na dinâmica do relacionamento entre entrevistador e respondente, pode ocorrer a atribuição de cor pelo coletor do IBGE, quando os dados fenotípicos lhe pareçam suficientemente "objetivos". Mas qual a "objetividade" de atribuição de cor a alguém no Brasil, quando a "cor" é uma abstração definida pela combinatória de uma multiplicidade de traços físicos (cor e textura da pele; formato do nariz, olho, boca, corpo; tipo e cor de cabelo), da posição social e da atribuição comparativa do contexto populacional majoritário variando regionalmente?

Não temos conhecimento de estudos que avaliem a convergência ou a divergência de hetero e autoatribuição de cor da população[14] (antropólogos analisaram principalmente a diversidade

---

14. Visando a atualização desse aspecto, citamos aqui o estudo de Telles e Lim (1998), que utilizou a pesquisa da *Folha de S. Paulo* para estudar a heteroatribuição de cor *versus* a autonomeação da cor. Segundo este estudo, os coletores foram exaustivamente treinados para reconhecer a cor principalmente entre pardos, e escolhidos entre moradores da região pesquisada em cada cidade. Todos os coletores receberam instruções para tanto atribuir a cor quanto para coletar a cor declarada. O estudo dessa coleta avaliou que a discrepância entre a cor autoatribuída e a heteroatribuída era insignificante para o modelo estatístico utilizado na avaliação. Entretanto, os mesmos autores declaram que não tinham informações sobre as características dos entrevistadores, sabendo-se que muitos deles eram brancos e com alto nível educacional. Os autores consideram que isto pode ser uma vantagem, pois "tais pessoas seriam especialmente adequadas a uma posição social na qual decisões sobre classificações raciais afetam o rendimento das pessoas que estejam sendo classificadas". Porém os autores comentam igualmente que a "inconsistência na classificação racial tende [a ser encontrada] entre os pobres e com menor nível educacional (p. 467)". Deixamos aqui, para futuras reflexões,

de designações linguísticas[15]). Em outra pesquisa recentemente realizada na cidade de São Paulo (SÃO PAULO, 1993)[16], evidenciou-se esta intensa variedade de heteroclassificação de cor no Brasil e que pode ter ocorrido nos recenseamentos gerais a partir de 1940, quando agentes do Censo enfrentaram situações delicadas ditadas pela etiqueta de relacionamento, pela automação e cansaço dos entrevistadores[17].

Foram apresentadas aos coletores 34 fotos de adolescentes e jovens adultos de ambos os sexos (entre 14 e 21 anos) situados em diversos pontos do espectro fenotípico brasileiro, para que atribuíssem idade e cor (de acordo com as alternativas usadas pelo IBGE). Observou-se uma intensa variabilidade na aplicação de ambos os atributos e, no caso da classificação de cor, apenas dois dos 34 jovens apresentados receberam unanimidade na atribuição, sendo que mais da metade das respostas se repartiram entre, pelo menos, três categorias de cor.

Em dissertação de mestrado sobre atribuição de cor às crianças em creches municipais da cidade de São Paulo, Eliana de Oliveira (1994) observou a tendência – entre as funcionárias brancas que se ocupam das crianças – de *branquearem* as crianças na

---

a nossa preocupação em relacionar diretamente a possibilidade de inconsistência na declaração da cor entre pessoas com níveis econômicos e salariais diferentes, uma vez que, mesmo diante de treinamentos bem elaborados, a coleta de cor, seguindo o padrão do IBGE, deveria ser pautada pela autoclassificação; que esta autoclassificação pode e deve ser checada por outros coletores, igualmente treinados; mas, que a cor do coletor pode ser um fato de influência em qualquer situação econômica do entrevistado, como mostra Oliveira (1994) – os brancos tenderiam a embranquecer, os negros a enegrecer.

15. Para facilitar a compreensão utilizamos os termos *classificação de cor* e *designação de cor*.

16. Esta pesquisa foi realizada entre educadores de meio aberto da Secretaria da criança, da família e do bem-estar social do Estado de São Paulo e motoristas que iriam trabalhar no Censo de crianças/adolescentes em situação de rua, durante o período de treinamento.

17. Leda Mohamed, aprofundando a primeira parte do relatório de pesquisa sobre alunos analfabetos da cidade de São Paulo, vem coletando entrevistas com pesquisadores que trabalharam na aplicação do questionário do Censo de 1991. Na entrevista n. 1 o pesquisador relata que, embora o procedimento estipulado pelo IBGE durante o treinamento tenha sido o de perguntar a cor da população e registrar a resposta da cor autoatribuída, o pesquisador atribuiu a cor quando: 1) o entrevistado lhe pareceu ser branco; 2) a etiqueta de relacionamento exigiu (como procedimento mais educado) que ele não perguntasse a cor; 3) a automação da entrevista e o cansaço acabavam por abreviar o procedimento de coleta – "[...] no décimo questionário do dia você já não perguntava mais"; 4) só perguntava a cor se o entrevistado fosse negro (significando de cor preta) – "Mas, quando era negro, eu sempre perguntava, porque na instrução tinha muito esse cuidado de enfatizar: Olha, se o cara for negro e falar que é branco, você tinha que pôr".

identificação das fotos. As atendentes negras, por sua vez, tenderam a *enegrecer* as crianças (OLIVEIRA, 1994).

O que a problemática do quesito cor parece pôr em evidência é um aspecto ainda não discutido pela literatura brasileira sobre cor e que decorre do desconhecimento que temos sobre proximidade ou distância entre os processos de auto ou heteroatribuição de cor ou pertencimento racial. A cor (ou pertencimento racial) que alguém se atribui é confirmada ou negada pelo olhar do outro. Não desejamos propor aqui uma revisão do processo usado pelo IBGE de auto-atribuição de cor, o que nos inquieta é a repercussão possível deste desconhecimento nos estudos sobre relações raciais, especialmente aqueles que se ocupam da mobilidade social da população brasileira em séries históricas. De um lado, a psicologia social, principalmente os estudos sobre identidade étnica (CROSS, Jr., 1991; GOFFMAN, 1982; MILNER, 1984), insistem sobre a importância do olhar do outro na construção do eu. De outro, o processo de coleta do IBGE que adota o princípio da autoclassificação. É possível supor que para parte da população brasileira ambos os processos não sejam idênticos, ocorrendo uma dissonância entre o reconhecimento de si mesmo e o reconhecimento através do olhar do outro. Não se trata de uma questão situada puramente no plano heurístico, mas que deve ter repercussões na dinâmica das relações interpessoais e na interação com as instituições.

O quesito cor, os critérios raciais e a identidade racial

Como vimos, o IBGE emprega apenas quatro nomes para designar fenótipos de cor – *branco*, *preto*, *pardo* e *amarelo*. Estudos têm mostrado, porém, que a população brasileira se utiliza de um vocabulário muito mais rico e matizado. Como Nelson do Valle Silva (1992) relata, Wagley (1952) encontrou cinco termos numa comunidade amazônica; Pierson (1951; 1967) também encontrou cinco termos em um pequeno vilarejo do interior paulista (Cruz das Almas) e 20 termos diferentes para rotular matizes de cor das pessoas na Bahia. Harris (1964) encontrou quarenta termos raciais em uma comunidade de pescadores do interior da Bahia. No estudo famoso do IBGE durante a realização da Pnad 76, foram mencionadas mais de 190 nuances diferentes de cor à pergunta aberta sobre a designação de cor, sendo que a cor *more-*

na foi a mais frequentemente empregada depois da *branca* (34,4% das respostas)[18].

Sobre a alta relação entre a resposta *moreno* à pergunta aberta e a resposta *pardo* à pergunta fechada (66%), Nelson do Valle Silva assinala, após a análise do padrão do resíduo, que "a única discrepância do 'bom comportamento' deste padrão é a tendência significativa de alguns pretos na classificação de cor terem se codificados como 'morenos' na designação de cor" (SILVA, 1992: 41).

Para alguns, este *moreno* pode estar designando uma procura de branqueamento. Para outros, porém, esta denominação, tanto no processo de auto quanto de heteroclassificação, pode estar designando um processo de "des-preconceituação da nomeação da cor". As palavras usadas para nomear a cor das pessoas não são meros veículos neutros enunciadores de matizes, mas carregam índices de preconceito/discriminação, de seu distanciamento e de sua superação. Não dispomos de um mapeamento linguístico como o que já foi feito nos Estados Unidos sobre atributos associados às palavras *black* e *negro*, nem tampouco de uma austera política linguística como a que vem caracterizando a construção de um vocabulário politicamente correto naquele país. Mas algumas pistas sugerem a preferência de certas palavras para designação da rotulação de cor ou de pertencimento racial entre certos segmentos sociais, nem sempre compartilhada com outros, contribuindo para a fluidez deste campo das relações sociais no Brasil.

Em certos grupos sociais, ainda se usa a expressão "pessoa de cor", forma "educada" e distinta de se designar indefinidamente *pretos* e *pardos* (ou seu conjunto), embora seja execrada por certos segmentos negros. A literatura sociológica dos anos de 1950 e 1960, principalmente a Escola de São Paulo, também empregou uma série de palavras ou expressões para designação de negros.

Os estudos mais recentes sobre a cor da população brasileira têm suscitado algumas reflexões importantes, que se situam entre a chamada problemática do branqueamento e os esforços do movimento negro em realizar um resgate da identidade racial da

---

18. Esta também foi a opção mais frequente dos alunos paulistanos matriculados em cursos de alfabetização de adultos.

parte da população brasileira expressa nos censos pelas cores *preto* e *pardo*.

A cor pesquisada pelos censos, segundo Costa (1974), é uma frágil aproximação de uma classificação racial biológica da população, e como lembram esta autora e Giralda Seiferth, "o conceito biológico de raças não tem instrumentalidade para as ciências sociais" (SEIFERTH, 1989: 54) porque os grupos humanos formam um *continuum* de traços biológicos. A diferença de cores não constituiria uma raça, apenas traços físicos diferenciadores entre grupos humanos biologicamente iguais (COSTA, 1974: 100; SEIFERTH, 1989: 54). Entretanto, ambas as autoras concordam que a "palavra raça evoca classificações de ordem física utilizadas para marcar diferenças de ordem social [que] levam à classificação e hierarquização de grupos e pessoas socialmente definidos segundo critérios subjetivos, que nada têm a ver com o fenômeno raça propriamente dito" (SEIFERTH, 1989: 54).

Diante do fato de que a cor possui um traço determinante de hierarquização social, Costa (1974) propõe que se estude a classificação expressa no vocabulário utilizado pelos respondentes dos censos. "O objetivo deste estudo seria chegar a uma classificação que refletisse os vários critérios utilizados e tornasse mais inteligível a ambiguidade que parece caracterizar a *identificação étnica*[19] na sociedade brasileira" (COSTA, 1974: 100).

A autora, contestando o conceito racial e racista subjacente aos critérios de cor, sugere uma reversão da classificação para um caráter cultural. Esta estratégia, que também é uma das metas do movimento negro, pode levar a desvios de avaliação de uma população e de seus grupos sociais, pois, como lembra Seiferth, "[...] há nas sociedades multirraciais uma visão reducionista, segundo a qual a raça determina a cultura [...]" (1989: 54). Ao trazer a cor para dentro de um espectro cultural, Costa parece sugerir que diferenças físicas entre indivíduos e grupos de uma mesma sociedade determinariam diferenças culturais, as quais poderiam ser consideradas nos censos como fatores *reais* de diferenças entre os membros da população brasileira. A autora não propõe um termo definitivo, mas o movimento negro contemporâneo, que se reativava

---

19. Grifo nosso.

na mesma época do estudo de Costa (meados da década de 1970), sugeria a expressão *negro*, posteriormente adotada por alguns acadêmicos e pesquisadores.

Mas, perguntamos: o que é *negro*?

No Brasil, o significado deste termo passa diretamente pela visão de quem o utiliza, isto é, para se compreender as versões existentes do termo *negro*, necessitamos saber quem o emprega.

O movimento negro o tem empregado em mais de um modo: para definir a população brasileira composta de descendentes de africanos (pretos e pardos); para designar esta mesma população como aquela que possui traços culturais capazes de identificar, no bojo da sociedade brasileira, os que descendem de um grupo cultural diferenciado e coeso, tanto quanto, por exemplo, o dos amarelos; para reportar a condição de minoria política desta população e a situar dentro de critérios inclusivos de pertinência dos indivíduos pretos e pardos ao seu grupo de origem (MUNANGA, 1986 e 1990).

Pesquisadores de relações raciais e alguns demógrafos também o têm incluído em seu vocabulário. Entretanto, no caso destes últimos, nem sempre o termo carrega o sentido racial-político-cultural dado pelo movimento negro. A pesquisa do Seade (1992) sobre família e pobreza na cidade de São Paulo considerou o item cor para quase todas as variáveis pesquisadas: moradia, trabalho, educação, família, fecundidade etc. Entretanto, ao optar pelo termo *negro* não realizou qualquer distinção entre este e *preto*, que se referiria apenas à cor. Também não incluiu entre os negros, os *pardos*. Assim, negro tornou-se sinônimo de *preto*, nesta pesquisa, que manteve as quatro categorias do censo: *branco*, "*negro*", *pardo* e *amarelo*. Ou seja, ao deixar os limites do movimento negro e seus simpatizantes, o termo desveste-se de seu conteúdo político-cultural.

Um outro aspecto é a utilização do termo *negro* por parte da sociedade branca e da militância negra brasileira. O estudo realizado por Yvone Maggie para o catálogo das comemorações do Centenário da Abolição, realizadas em 1988, mostra que, em contextos puramente culturais, como os que ocorreram durante as festividades do centenário, o termo *negro* parece adquirir um certo isomorfismo com o termo *branco*. A cultura negra e a cultura branca aparentemente se equivaleriam enquanto produtos culturais cuja diferença não implicaria em subordinação e seus efeitos. Diz a autora:

> No ano do Centenário a diferença foi colocada na cultura, porque é da origem e não do presente que se fala. É a identidade de nação que se busca. Mas o ano do Centenário revelou também o terror de se pensar "pretos", "claros" e "escuros" como mesmo diferentes no social. [...] Preto e branco, claro e escuro, e finalmente negro são termos e oposições usados socialmente para comunicarem diferenças significativas na cultura (MAGGIE, 1989: 24).

Desse ponto de vista, ainda segundo Yvone Maggie, compreender o significado social do vocabulário de cores – no qual negro corresponderia à cultura; preto e branco às diferenças sociais e claro e escuro à tentativa de escamoteamento da diferença social – implicaria em repor a cor (e não a cultura ou a origem) como elemento importante para pensar as diferenças sociais significativas na cultura brasileira (MAGGIE, 1989: 24).

O estudo de Regina P. Pinto sobre a história do movimento negro em São Paulo aponta em direção talvez mais abrangente ao discutir a constituição da identidade étnica. Para Pinto (1993), o processo de construção da identidade étnica (ser negro) é relacional, porque seu produto é (ou torna-se) um elemento de identidade política. Assim, os grupos em processo de construção da identidade étnica tendem a utilizar a cultura como um referencial do qual alguns aspectos são destacados e outros são esquecidos, numa contínua reelaboração do referencial cultural para a reorientação política em face de outros grupos étnicos. Diz a autora:

> A etnicidade é considerada [...] como uma forma de interação entre grupos culturais, operando dentro de contextos sociais comuns, na medida em que o negro dialoga ou tenta dialogar com a sociedade, enquanto portador de uma cultura própria. No decorrer desse processo, há uma contínua conscientização de um "nós" em oposição a um "outro" e, portanto, o fortalecimento de uma identidade étnico-racial, bem como de uma cultura negra (PINTO, 1993: 51).

Desta perspectiva, a construção da etnicidade é trajeto necessário para a compreensão das relações de força entre os grupos e para a definição de estratégias de enfrentamento da discriminação e suas decorrências, tais como a campanha "Não deixe sua cor passar em branco", visando alcançar maior adequação da resposta da população ao quesito cor, durante a coleta do recenseamento realizado em 1991. Essa campanha, fomentada pelo movimento negro e por pesquisadores interessados na questão racial brasileira, ainda não pode ser avaliada. A lentidão no processamento dos dados deste Censo tem mantido a comunidade negra brasileira e pesquisadores em compasso de espera sobre os resultados efetivos da campanha.

Um último ponto a ser tocado é aquele que, embora considerado como percepções ideológicas da cor sustentadas nas políticas de branqueamento da sociedade brasileira, representa a maioria das expressões coletadas pelos censos: a do respondente que nem está vinculado ao movimento negro nem possui uma consciência social e cultural autônoma.

Para a maioria dos declarantes, a cor autoatribuída no momento da declaração possivelmente limite-se a definir um traço físico que não expressa pertencimento racial ou étnico, no sentido de que o sujeito respondente se veja inserido num grupo diferenciado por outros sinais de identidade além do que está sendo imediatamente solicitado. O que os inúmeros termos utilizados pelos respondentes dos censos para se autoidentificarem podem explicitar não são apenas os valores sociais que os respondentes atribuem à cor ou à raça, mas também as ambiguidades enfrentadas pelos sujeitos respondentes ao se inserirem num sistema de cores onde a cor, e apenas a cor, é responsável pela sua inserção nos grupos sociais *de cor*.

Ilustramos aqui a questão da autoatribuição de cor através do estudo de Moema Poli T. Pacheco (1987), o qual apresenta magistralmente os conflitos e as ambiguidades surgidas da auto e heteroclassificação de cor em famílias de baixa renda do Rio de Janeiro. Ao entrevistar membros de famílias mestiças, a autora constata a grande variedade de termos e de combinações entre os termos linguísticos que se referem à cor e os que se referem a outros fenótipos que reforçam ou confirmam a cor que se deseja atribuir a si mesmo e a outra pessoa. Pacheco (1987) ressalta dois elementos importantes para se compreender o sistema classificatório utilizado pela população preta e parda que ela entrevistou. Primeiramente, "é na relação que o tipo racial de uma pessoa é definido", isto é, o sujeito que atribui a cor a outro o faz em função de seus próprios atributos raciais e define o outro em termos comparativos. Segundo: o sistema de atribuição de cor pode estar também associado a outros atributos, como o local de origem do sujeito a quem se atribui a cor. "Em resumo, uma vez que as classificações são relacionais, lança-se mão de uma terminologia para dar conta das possibilidades de manipulação, que se acentuam devido à predominância no grupo do elemento mestiço" (PACHECO, 1987: 89s.). A autora revela com grande acuidade o sistema de cor ambíguo no qual seus entrevistados estão inseridos e nas formas que encontram para abordar a questão racial fora do discurso informado pelo movimento negro.

Um outro aspecto desta mesma perspectiva é o que se relaciona ao processo de construção de identidade racial pelo qual parecem começar a passar as gerações mais novas de pretos e pardos brasileiros. Neste processo, as marcas culturais construídas pelos movimentos sociais são elementos importantes de sinalização diacrítica de identidade. Entretanto, as diferenças culturais, para se tornarem modos efetivos de diferenciação (a ponto de serem expressas em termos de pertencimento étnico), necessitam ser, primeiramente, absorvidas no processo de identidade dos indivíduos de cada grupo. E, como nos alerta Cross Jr. (1991), o processo de construção de uma identidade étnica é longo, demorado e realizado por etapas que incluem momentos de evolução para patamares mais acurados de pertencimento racial e/ou cultural e de involução para modos reativos aos traços diacríticos de identidade.

Segundo Cross Jr. existem cinco estágios no desenvolvimento da identidade racial de pessoas negras[20]. Para cada um desses estágios há posturas definidas que vão desde a negação pura e simples de ser discriminado racialmente (o que poderia incluir uma aversão por tudo que lembre a condição racial/étnica) até um estágio de superação do dado racial de identidade como principal referente da condição humana. Este processo tende a manter um tra-

---

20. O primeiro estágio, onde se esboça a identidade a ser mudada, é o pré-encontro. O encontro (estágio 2) isola o ponto no qual a pessoa se vê compelida a mudar. A imersão-emersão (estágio 3) é o momento crucial da mudança de identidade e dos movimentos psicossociais de aceitação e recusa da identidade em preparo; e internalização e internalização-compromisso (estágios 4 e 5) descrevem o hábito e a internalização da nova identidade (CROSS Jr., 1991: 190s.).

ço evolutivo – do estágio 1 para o estágio 5 –, entretanto, não é linear nem contínuo. Momentos de certeza e conforto psicológico em relação ao pertencimento racial podem ser acompanhados de atitudes reativas, de negação e incertezas sobre o desejo de pertencer ou não a uma cultura e/ou raça. Mesmo os que ultrapassam os primeiros estágios de contato com a questão étnica/racial não realizam um movimento direto para a identidade plena. Os indivíduos podem permanecer "congelados" em alguns dos estágios desse processo, oscilando entre o compromisso com sua identidade esboçada e o desligamento dos atos políticos, sociais, públicos e privados que a nova identidade lhes impõe. O movimento oscilatório é próprio de todas as etapas, porque a identidade racial (enquanto parte da identidade mesma) não se forma como algo acabado, mas como algo constantemente em processo, constantemente mutante e mutável (CROSS Jr., 1991: 191-223).

Cross Jr. analisou o processo de construção de uma identidade afro-americana para os negros americanos. Embora varie o contexto sociocultural, pode-se pensar que este movimento oscilatório é semelhante para as populações negras fora de contextos de maioria racial/cultural negra. Parece ser este movimento que capturamos nos estudos sobre cor no Brasil, onde o grupo de pardos compõe uma parcela da população para quem a cor pode determinar lugares sociais e culturais muito variados, dependendo da escolha da cor que o indivíduo se atribua e/ou que lhe seja atribuída socialmente. Ainda que não se coloque o problema da identidade racial dos indivíduos pesquisados, ela possivelmente permanece subjacente às respostas da população preta e parda brasileira ao quesito cor dos censos e às interpretações que, posteriormente, foram feitas dessas respostas.

Identidades raciais e linha de cor

A importância desta reflexão sobre as identidades dos indivíduos pesquisados pelos censos, como já afirmamos acima, não tem caráter apenas exploratório, mas nos leva a refletir mais detalhadamente sobre a importância dos fatores que entram no processo de classificação da população por cor e na relação da cor com outras variáveis.

Na ausência de estudos equivalentes ao de Cross Jr. (1991) para o Brasil, devemos nos contentar com conjeturas e sugestões que, ao complicarem ainda mais os campos dos estudos sobre relações raciais no Brasil com base em dados censitários, evidenciam a lacuna e a necessidade de pesquisas sobre o tema.

O que os estudos de Cross Jr. (1991) trazem de novo neste contexto de rotulação da cor da pessoa? Que o pertencimento racial não constitui um dado imutável na vida das pessoas. É possível esperar, ou pelo menos levantar como hipótese que, na trajetória de vida das pessoas, haja mudanças no processo de autoclassificação de cor.

Germán W. Rama (1989) sugere, na análise de dados sobre educação em São Paulo com base em informações retiradas da Pnad 1982, que a passagem da linha de cor poderia ocorrer em outro sentido: um *escurecimento* da população. Sendo unidade de coleta censitária o domicílio e levando-se em consideração que são os chefes de família que atribuem cor aos membros menores em cada domicílio, os dados sobre cor coletados seriam definidos pelo pertencimento racial do chefe de família. Rama (1989: 25) sugere que o pertencimento racial declarado nos censos poderia variar de acordo com a idade dos chefes de família[21], o que poderia significar que as diferenças de idade internas aos grupos sociais determinariam formas de autoidentificação que se alterariam no tempo. Um único respondente declararia a cor em nome de outros que, futuramente, poderão alterar seu pertencimento racial (na medida em que se tornam chefes de família com maior consciência do significado social e/ou político de seu pertencimento racial).

Esta hipótese também foi sugerida por Wood (1991) no seu estudo sobre mudanças na autoidentificação racial baseado na técnica das relações de sobrevivência. Assim, este autor conclui:

> A técnica das relações de sobrevivência mostra que o número projetado de pretos estava bem abaixo do número real, levantado pelo Censo de 1980. A razão entre os valores reais e esperados su-

---

21. Entre chefes de família com 40 a 59 anos de idade, 74% se autoidentificaram como brancos, 6,5% como negros, 15% como pardos e 4,2% como amarelos. Entre os de 20 a 29 anos de idade 71% se identificam como brancos, 7,1% como negros, 18,6% como pardos e 3,1% como amarelos (RAMA, 1989: 25).

gere que cerca de 38% de homens e mulheres que se declararam pretos em 1950, mudaram sua identificação para pardos em 1980. Entre pardos e brancos, análises feitas sobre populações projetadas e reais indicam, ainda, que a prevista reclassificação de pardo para branco foi bem menos pronunciada, se é que tinha havido, e que *não se poderia descartar a reclassificação de branco para pardo*[22] (WOOD, 1991: 104).

Além de dar pistas sobre a passagem da linha de cor se processar também no sentido do escurecimento, as sugestões de Germán W. Rama e os estudos de Charles H. Wood tornam-se ainda mais interessantes porque permitem abrir a trilha para se pensar na cor como uma variável dependente, estimulando a que pesquisadores se perguntem quais dimensões da vida social poderiam estimular as pessoas a se autorrotularem nas categorias propostas pelo IBGE. Ou seja, estamos sugerindo aqui a necessidade de não se analisar a cor exclusivamente como variável independente, mas também como variável dependente. A questão se torna mais intrigante quando se pensam em pelo menos duas condições de vida que se traduzem em variáveis demográficas: o gênero e a idade.

Estudos recentes sobre composição racial da população brasileira (SILVA, 1992) e, mais particularmente, sobre casamento inter-racial no Brasil (BERQUÓ, 1991; SILVA, 1992) analisam os dados como se o processo de autoclassificação de cor fosse idêntico entre homens e mulheres, assumindo como informação objetiva – e não discutindo sua eventual decorrência de processo subjetivo de classificação – o excedente de mulheres que se autodeclararam como brancas na população (BERQUÓ, s.d.: 2; SILVA, 1992: 21). Ora, o estudo já citado de Wood (1991) informa que a reclassificação da cor de um censo para outra não é idêntica, nem ocorre no mesmo sentido quando se comparam homens e mulheres (WOOD, 1991: 100s.).

Também nos estudos sobre a cor dos filhos segundo a combinação de cor dos pais (como, já afirmamos, é a classificação de cor atribuída aos filhos pelo chefe de domicílio), Carlos Hasenbalg e Nelson do Valle Silva (1992) observam, sem discutir, que contra a

---

22. Grifo nosso.

expectativa do geneticamente esperado, "as combinações com preto tendem a gerar resultados mais claros, e as combinações com pardo tendem a gerar resultado pardo" (HASENBALG & SILVA, 1992: 74). No *Estudo da dinâmica demográfica da população negra no Brasil*, Elza Berquó e colaboradoras (1986) oferecem argumentos para esta nossa reflexão em torno de determinações psicossociais na atribuição de cor e da necessidade de aprofundamento da questão. Com base em tabulações especiais do Censo de 1980, as pesquisadoras evidenciaram uma

> clara preferência pela declaração das crianças menores de um ano como de cor branca: com efeito, aproximadamente 152.000 crianças menores de um ano declaradas brancas seriam filhos de mãe de outra cor. O contrário acontece para as crianças de cor preta e parda: existem aproximadamente 63.000 e 87.000 crianças cuja mãe tem cor preta ou parda e elas não a têm (BERQUÓ et al., 1986: 36).

Cabe notar ainda que nada se sabe sobre um fato que deve estar permeando o concreto das relações e as pesquisas: como se dá a classificação de um negro por um branco. Ou seja, deve haver uma variação no tempo e esta variação necessitaria ser considerada. Quais seriam as orientações subjetivas para atribuição de cor à prole em um país marcado por desigualdades raciais; se pais e mães se comportam da mesma forma; ou como brancos classificam negros são perguntas que, por enquanto, ficam sem resposta[23].

O que fazer?

O que fazer diante de tanta ambiguidade, de tantos imponderáveis no processo de pertencimento/atribuição racial no Brasil? Abandonar o mapeamento das informações estatísticas com certeza não é solução. Como afirma Nelson do Valle Silva:

---

23. No estudo anteriormente mencionado, Wood (1991) deixa de discutir, analisar e controlar, na reclassificação, o possível impacto de o informante sobre a cor ser o chefe de domicílio. Assim, parece-nos inadequado ter processado a análise de reclassificação de cor em grupos de idade a partir dos 10-14 anos, 15-19 para os quais a cor foi imputada pelo pai ou pela mãe.

acreditamos que a tradicional forma de mensurar a identidade racial nas estatísticas oficiais é fundamentalmente válida e que, portanto, os estudos que a utilizam [...] devem cobrir com razoável fidedignidade a dimensão racial que pretendem mensurar (SILVA, 1992: 41).

Levantá-las aqui tem o sentido de informar o leitor sobre limites de segurança necessários na apreciação dos dados sobre a cor no Brasil e estimular a produção de estudos e pesquisas sobre as dimensões antropológica e psicossocial no processo brasileiro de auto e heteroatribuição de cor.

Referências

ANDERSON, B. (1991). *Imagined communities*: reflections on the origin and spread of nationalism. Londres: Verso.

BERQUÓ, E. [s.d.]. *Como se casam brancos e negros no Brasil*. [mimeo.].

_____ (1991). Como se casam negros e brancos no Brasil. In: LOVELL, P. (org.). *Desigualdade racial no Brasil contemporâneo*. Belo Horizonte: Cedeplar, p. 115-20.

BERQUÓ, E. et al (1986). *Estudo da dinâmica demográfica da população negra no Brasil*. Campinas: Nepo/Unicap [Textos Nepo, 9].

BRAZIL/DIRECTORIA GERAL DE ESTATÍSTICA (1876). *Recenseamento geral da população do Império do Brasil a que se procedeu no dia primeiro de agosto de 1872*. Rio de Janeiro: Directoria Geral de Estatística.

COSTA, T.C.N.A. (1988). *A classificação de "Cor" na pesquisa do IBGE*: notas para uma discussão. [mimeo.].

_____ (1974). "O princípio classificatório "cor", sua complexidade e implicações para um estudo censitário". *Revista brasileira de geografia*. V. 36, n. 3, p. 91-103. Rio de Janeiro.

CROSS Jr., W. (1991). *Shades of black*: diversity in African-American identity. Philadelphia: Temple Universit.

DAVIS, F.J. (1991). *Who is black*: one nation's definition. University Park, Pennsylvania: The Pennsylvania State University.

GOFFMAN, E. (1982). *Estigma*: notas sobre a manipulação da identidade deteriorada. Rio de Janeiro: Zahar.

HARRIS, M. (1964). "Racial identity in Brazil". *Luso-Brazilian Review*, n. 1, p. 21-28.

HASENBALG, C.A. & SILVA, N. do V. (1992). *Relações raciais no Brasil contemporâneo*. Rio de Janeiro: Rio Fundo Editora/Iuperj.

HOLANDA, S.B. de (1993). *Raízes do Brasil*. Rio de Janeiro: José Olympio.

IBGE (1992). *Anuário estatístico do Brasil – 1992*. Rio de Janeiro: IBGE.

_____ (1991). *PNAD 1990*. Rio de Janeiro: IBGE.

_____ (1990). *Estatísticas históricas do Brasil*: séries econômicas, demográficas e sociais de 1550 a 1988. Rio de Janeiro: IBGE [Séries estáticas retrospectiva, v. 3].

_____ (1983). *Censo demográfico – 1980*. Rio de Janeiro: IBGE [vol. 1, tomo 4].

_____ (1973). *Censo demográfico – 1970*. Rio de Janeiro: IBGE [vol. 1].

_____ (s.d.). *Censo demográfico – 1960*. Rio de Janeiro: IBGE. [vol. 1].

_____ (1956). *Censo demográfico – 1950*. Rio de Janeiro: IBGE [vol. 1].

_____ (1950). *Censo demográfico – 1940*. Rio de Janeiro: IBGE [vol. 2].

_____ (1928). *Censo demográfico – 1920*. Rio de Janeiro: IBGE [vol. 4, tomos 1 e 2].

JANUÁRIO, M. et al. (1993). *Analfabetismo, raça e gênero*. São Paulo [Relatório de pesquisa].

LAMOUNIER, B. (1976). "Educação". *Cadernos do Cebrap*, n. 15, p. 14-22. São Paulo.

LIMA, L.L. da G. & VENÂNCIO, R.P. (1991). "Abandono de crianças negras no Rio de Janeiro". PRIORE, Mary del (org.). *História da criança no Brasil*. São Paulo: Contexto, p. 61-75.

MAGGIE, Y. (1991). *A ilusão do concreto*: análise do sistema de classificação racial no Brasil. Rio de Janeiro [Tese para concurso de professor titular da Universidade Federal do Rio de Janeiro].

_____ (1989). Cor, hierarquia e sistema de classificação: a diferença fora do lugar. In: MAGGIE, Y. (org.). *Catálogo centenário da Abolição*. Rio de Janeiro: Acec-Clec/Núcleo da Cor-UFRJ.

MAGGIE, Y. & MELLO, K.S.S. (1988). *O que se cala quando se fala do negro no Brasil*. Rio de Janeiro [mimeo.].

MARCÍLIO, M.L. (1986). A população do Brasil em perspectiva histórica. In: COSTA, I. del N. da (org.). *Brasil*: história econômica e demográfica. São Paulo: Instituto de Pesquisas Econômicas, p. 11-27.

MARCÍLIO, M.L. (1974). "Crescimento histórico da população brasileira até 1872". Cadernos do Cebrap, n. 16, p. 1-26. São Paulo.

MARCÍLIO, M.L. (1974). Evolução da população brasileira através dos censos até 1872. *Anais de História*, ano IV, p. 115-137, Assis.

MELLO E SOUZA, L. de (1991). O Senado da Câmara e as crianças expostas. PRIORE, M. del (org.). *História da criança no Brasil*. São Paulo: Contexto, p. 28-43.

MILNER, D. (1984). The development of ethnic attitudes. TAJFEL, H. (org.). *The social dimension*. Cambridge: Cambridge Universit, p. 89-107 [vol. I].

MOURA, J.C.P. (1991). *História do Brasil*. São Paulo: Anglo [Coleção Anglo, livro 1].

MUNANGA, K. (1990). "Racismo: da desigualdade à intolerância". *São Paulo em perspectiva*, vol. 4, n. 2. p. 51-54. São Paulo.

_____ (1986). *Negritude*: usos e sentidos. São Paulo: Ática.

NOGUEIRA, O. (1985). *Tanto preto quanto branco*: estudos das relações raciais. São Paulo: T.A.Queiroz.

OLIVEIRA E OLIVEIRA, E. de (1974). "O mulato, um obstáculo epistemológico". In: Argumento. Vol. 1, n. 3, p. 65-73, Rio de Janeiro.

OLIVEIRA, L.E.G. et al. (1981). *O lugar do negro na força de trabalho*. Rio de Janeiro: IBGE.

PACHECO, M. de P.T. (1987). "A questão da cor nas relações de um grupo de baixa renda". *Estudos Afro-Asiáticos*, n. 14, p. 85-97, Rio de Janeiro.

PIERSON, D. (1967). *Negros in Brazil*: a study of race contact in Bahia. Chicago, University of Chicago.

_____ (1951). *Cruz das Almas, a Brazilian village*. Washington: Southsonian Institute.

PINTO, R.P. (1993). *O movimento negro em São Paulo*: luta e identidade. São Paulo [Tese de doutorado do Departamento de Antropologia da FFLCH-USP].

RAMA, G.W. (1989). "Estrutura social e educação: presença de raças e grupos sociais na escola". Cadernos de pesquisa, n. 69, p. 3-96. São Paulo.

REPÚBLICA DOS ESTADOS UNIDOS DO BRAZIL (1898). Ministério da Indústria, Viação e Obras Públicas. Directoria Geral de Estatística. Recenseamento de 31 de dezembro de 1890. Rio de Janeiro: Oficina de Estatística.

ROSEMBERG, F. et al. (1986). *A situação educacional de negros (pretos e pardos)*. São Paulo [Relatório de pesquisa do Departamento de pesquisas educacionais/Fundação Carlos Chagas].

SCHWARCZ, L.M. (1993). *O espetáculo das raças*: cientistas, instituições e questão racial no Brasil 1870-1930. São Paulo: Companhia das Letras.

SCHWARTZMAN, S. et al. (1984). *Tempos de Capanema*. São Paulo/Rio de Janeiro: Edusp/Paz e Terra.

SEADE (1992). *Pesquisa de condição de vida na Região Metropolitana de São Paulo*. São Paulo: Seade.

SÃO PAULO, Secretaria da criança, família e bem-estar social (1993). *Contagem de crianças e adolescentes em situação de rua na Cidade de São Paulo*. São Paulo: Secretaria da criança, família e bem-estar social.

SEIFERTH, G. (1991)."Os paradoxos da miscigenação: observação sobre o tema imigração e raça no Brasil". Estudos Afro-Asiáticos, n. 20, p. 165-185. Rio de Janeiro.

_____ (1989). "A estratégia do branqueamento". *Ciência hoje*, v. 5, n. 25, p. 54-61.

SERVA, M.P. (1923). *A virilização da raça*. São Paulo: Companhia Melhoramentos de São Paulo.

SILVA, N. do V. (1992). Distância social e casamento inter-racial no Brasil. In: HASENBALG, C.A. & SILVA, N. do V. *Relações raciais no Brasil contemporâneo*. Rio de Janeiro: Rio Fundo Editora/Iuperj, p. 17-53.

SKIDMORE, T. (1991). "Fato e mito: descobrindo um problema racial no Brasil". Cadernos de pesquisa, n. 79, p. 5-16. São Paulo.

TELLES, E. & LIM, N. (1998). "Does it matter who answers the race question? Racial classification and income inequality in Brazil". Demography, v. 35, n. 4, p. 3.465-3.474.

WAGLEY, C. (1952). *Race and class in rural Brazil*. Nova York: Columbia University Press.

WOOD, C. (1991). Categorias censitárias e classificações subjetivas de raça no Brasil. In: LOVELL, P. (org.). *Desigualdade racial no Brasil contemporâneo*. Belo Horizonte: Cedeplar, p. 93-111.

5 DE CAFÉ E DE LEITE...

Rosa Maria Rodrigues dos Santos

O propósito do presente artigo é relatar e levantar algumas questões referentes à convivência com L., uma garota que apresentava em seus sintomas, de modo muito evidente, as marcas e conflitos ligados à sua origem étnica e como esta interveio na constituição de sua subjetividade, ou na busca desta. Esse contato ocorreu durante um estágio de nove meses em uma instituição de tratamento para crianças com dificuldades emocionais graves ou portadoras de comprometimento global do desenvolvimento.

Março de 1995, início de ano no país do Carnaval. Início de uma importante – e muito desejada – atividade no último ano de graduação: estagiar como psicóloga em um Hospital Dia Infantil em Saúde Mental da Prefeitura de São Paulo. Era muito mais que isso [...] Atividade inquietante! Afinal, o que seria passar quatro horas do dia em contato com crianças autistas, psicóticas, neuróticas graves? Eis o grande frio na espinha do primeiro mergulho na piscina [...] Contudo, havia uma postura *a priori*: a relação deveria se dar entre mim e as crianças e não com "interessantes patologias", o que não impediria o interesse teórico e de formação. Começava o desafio.

O estranhamento, no começo: crianças com vários comportamentos bizarros, falas estereotipadas, falas inexistentes, "diferentes" e, o mais curioso, crianças "normais", ou seja, aquelas que provocam a pergunta: "por que estão aqui?" Sazonalmente, com sutileza ou não, a resposta chega, revelando o que é comum a todas: um intenso sofrimento psíquico.

Para apaziguar tal sofrimento – já que sua cura é bastante questionável – a equipe de técnicos da instituição priorizava, em vez do uso medicamentoso, a consideração de cada criança como um sujeito[1]. Por vezes, essa consideração parecia antecipar o que ainda era da ordem do porvir, já que os modos com que algumas podiam se apresentar – seus gestos, aparentes sensações ou a mais plena falta delas – traziam a dúvida quanto ao seu pertencimento à nossa espécie: "é mesmo o comportamento de um humano, de um(a) menino(a)?"

Ultrapassar essa dúvida e trabalhar considerando sempre o contato com uma criança era mais que uma crença, era um posicionamento teórico, ético e político; pré-requisitos fundamentais para se lidar e lutar pelo tratamento das loucuras fora do âmbito psiquiátrico asilar, que perverte e aniquila toda a condição humana. Essas foram as primeiras e básicas lições dadas pela equipe em sua forma de agir.

O que deve se privilegiar no trabalho com crianças? Brincar e formar, não é? No caso, auxiliar em aspectos da formação de sujeitos de um modo lúdico. Assim, as atividades propostas visavam cumprir este objetivo através de atuações em grupos: as *oficinas*. Estas eram espaços promotores da subjetivação através do *movimento, das artes de cozinhar, da vivência ecológica, dos esportes* e também *do livre brincar* que elas criassem[2].

Para que o auxílio na formação ou restituição da subjetividade ocorresse, nessas oficinas deveriam operar atos terapêuticos, promotores do desenvolvimento daquelas crianças, fora do *setting* de terapia. Desse modo, a palavra de ordem era a de intervir de modo lúdico e respeitoso, evitando-se a mobilização de afetos que não pudessem ser lidados em grupo. As oficinas seriam o principal espaço de ação durante o estágio. Configurou-se, assim, o cenário dos relatos, tomando-se, de modo especial, as oficinas de artes, pela qualidade e importância dos fatos ali ocorridos[3].

---

1. Falar de *sujeito*, neste sentido, é tratar do sujeito do inconsciente, dividido em seu saber, falho – impossibilitado de ser pleno de si mesmo – e, dentro do possível, conhecedor de suas falhas: o humano do qual trata a psicanálise.

2. O itálico destaca o nome das principais oficinas existentes na instituição.

3. Todo o material trazido é totalmente independente dos conteúdos – expressamente sigilosos – da análise da criança, realizada durante anos por um psicólogo da instituição.

Na época, L.[4] – como será conhecida – contava nove anos de idade. Miúda, rosto e gestos delicados, vasta cabeleira bem encaracolada que, com sua cor de pele, não permitiam a negação de sua ascendência negra. Mas, neste Brasil, seu fenótipo possibilitava que fosse tranquilamente chamada de "moreninha". Contudo, nada tranquilo era o modo como L. se autodefinia: "eu sou loira!"

L. é filha de mãe negra e pai loiro[5]. A mãe fora expulsa de casa quando se descobriu que, solteira, estava grávida. Não recebeu qualquer apoio de sua família, nem do pai de L., durante toda a gestação. Após o nascimento, os pais da menina se uniram novamente, durante um período repleto de fatos bastante conturbados, tais como tentativas de homicídio por parte do pai contra a mãe; cenas que teriam sido presenciadas por L. em fases muito precoces de sua vida. O casal se separou. O pai as abandonou para se unir a uma mulher como ele: "loira". L. e sua mãe vão para um cortiço, onde tiveram que enfrentar inclusive a fome. Hoje moram com a família do lado materno, ainda enfrentando grandes dificuldades.

Clinicamente, a criança sofreu graves alterações em seu desenvolvimento psicoafetivo de tal modo que foi situada, clinicamente falando, na fronteira entre a neurose e a psicose. L. já havia recebido alta do tratamento no H.D. há mais de um ano, mas vivências de privações materiais e afetivas tidas por ela e sua mãe desencadearam novas crises, motivando o reinício do tratamento.

Dentro dessas circunstâncias, a minha chegada ao H.D. era algo bastante esperado pela equipe. Além de ser uma nova estagiária que teria um contato frequente com L., eu possuía uma qualidade importante e desejada para o caso: sou negra.

A primeira vez que L. me viu, o fez de modo desconfiado, com um certo desdém, com o rabinho de olho: "Quem é essa aí?" Havia indícios que não deixavam dúvidas quanto ao fato de "essa aí" ter provocado algum sentimento em L., desde o primeiro olhar [...] Talvez a negritude negada e agora refletida num espe-

---

4. As iniciais utilizadas são fictícias, não correspondem às iniciais dos nomes verdadeiros dos pacientes.

5. A "loiritude" desse pai poderia até ser questionada, poderia se tratar de um homem "sarará" – também mestiço de negros. Contudo, este dado perde a sua relevância comparado ao poder que exerce no imaginário da criança um pai com características de uma suposta branquitude, já que "loiro" é uma dimensão de branco.

lho[6]. Dias depois, eu começava a participar da oficina de artes, onde L. também estaria. Ela me reconheceu e pediu que eu a desenhasse. Assim fiz. Desenhei o rosto de uma garotinha negra – muito parecido com o seu – e sua linda cabeleira, tudo pintado com as devidas cores.

Obviamente, recebi o pedido "pinta meu cabelo de loiro!", não com um ar briguento, mas imperioso. Respondi negativamente, tentando mostrar as diferenças e semelhanças de um giz de cera amarelo e outro preto em relação ao seu cabelo. Mais uma vez, o óbvio. O apelo ao concreto, à realidade, não fez muito efeito. "Não! Eu sou loira!", seguido por um "não sou?", que trouxe uma leve esperança: havia um esboço de questionamento!

Além de ser "loira", L. exigia ser chamada de "Fedora" por toda a equipe e em sua casa. Esse apelido fora dado durante um encontro da oficina de artes, há tempos atrás[7]. Cada criança recebeu um apelido que durou na memória por um período que não excedeu uma tarde, com exceção de L. Tal retenção evidenciava o fato de que esse nome teria significados especiais para a menina, significados que seriam supostamente coerentes com alguns de seus desejos inconscientes, o que justificava sua exigência em ser chamada por "Fedora". Curiosamente, quando seu apelido era utilizado, L. se mostrava mais "mandona", o que diferia de sua delicadeza habitual.

O relato de uma tarde, na oficina de artes, trouxe elementos que contribuíram para a formulação de algumas especulações acerca dos possíveis significados desse nome para a garota.

Nesta tarde, L. mostrou um interesse particular por temas relacionados à sexualidade. Fez os desenhos de várias "xoxotas"[8], sendo que a sua era "branca", enquanto a minha e de outras meninas negras do H.D. eram "pretas" – evidenciando uma desigualdade entre ela e nós. L., em seguida, pediu-me que desenhasse no-

---

6. Considera-se, aqui, o espelho em dois sentidos: refletor das semelhanças físicas entre a mãe e ela; e especular (*speculum*), o que vai questionar tais semelhanças.

7. Neste encontro, uma profissional atribuiu apelidos às crianças, apelidos que brincavam de alguma forma com seus nomes. Assim, não houve uma premeditação na escolha, mas tomando-se, por outro lado, que considera as próprias questões do inconsciente, pode-se dizer que existiu uma relativa arbitrariedade.

8. Nome utilizado pela criança para se referir à vulva.

vamente essa parte de seu corpo. Concordei. Porém, repeti o desenho em cor marrom, não tendo havido reclamações por parte dela. L. contou a todos os presentes que possuía "pintinhas" pelo corpo, apontando-as. Eram pintinhas imaginárias. Dissemos a ela que não era possível vê-las. Pediu que eu fizesse o desenho de seu "bumbum", o que fiz também com a mesma cor: marrom. L. completou o desenho fazendo seu tronco, pernas, cabeça e todo o restante do corpo como se estivesse de costas, finalizando com cabelos loiros e várias pintinhas pelo corpo. Participando da oficina estava uma outra garota, ruiva e muito "pintadinha". Eu disse a L. que parecia que ela admirava e gostaria de ser como sua amiga. Silêncio. Pediu, então, que eu fizesse "cocô saindo do bumbum" em seu desenho. Dessa vez eu preferi que ela mesma desenhasse. L. tomou em suas mãos o lápis de cor marrom, o mesmo do contorno de todo seu corpo, e fez "muitos cocôs", fazendo menção ao "fedô" que deles saía.

Assim, parece ter sido revelada parte de uma cadeia associativa que, hipoteticamente, teria garantido tamanha adesão e preferência em relação a seu apelido – Fedo(ra) –, em detrimento de seu próprio nome. É concreta a ligação entre a sua cor e a cor do "cocô", sendo que foi sempre utilizado o mesmo lápis. A exuberância do que sai do corpo sugere que este seja recheado de fezes, fezes malcheirosas, com fedor [...] Fedora. Talvez através da utilização desse nome estivesse sendo expresso o gozo[9] contido no modo como L. podia ver sua negritude: via uma *menina-cocô*.

Essas conexões, associações supostas[10], são bastante coerentes com várias piadas e ditos populares racistas, como "se negro não caga na entrada, caga na saída", o que faz com que seja possível se fazer outras especulações. Possivelmente, esse é o modo como a mãe de L. se percebe enquanto negra, o que talvez tenha influenciado em sua escolha de parceiro. Um homem imaginariamente limpo, *não cocô*, mas totalmente incapaz de respeitá-la como mulher. De forma dolorosa, mãe e filha são trocadas pelo

---

9. Termo que, psicanaliticamente, designa mescla de prazer e de dor.

10. Sempre é referido o caráter hipotético e especulativo das ideias expostas, por serem fruto de pequenas observações, sem dúvida importantes, mas fora da profundidade obtida em um processo psicanalítico, que permitisse a expressão de uma forma mais positiva, em função da maior quantidade de dados, vindos de um tipo de relacionamento mais controlado.

imaginado "selo de qualidade dourado" dado pela "loiritude", também suposta, de outra mulher. Diferenças hierarquizadas e valorizadas cultural e socialmente, deixando seu legado na constituição psíquica, subjetiva.

Assim, quem pode ser L. senão a doida e doída confusão que é a "loira" Fedora? Loira e negra ao mesmo tempo, de um modo que somente pode ter existência no inconsciente, onde não se considera o tempo e o espaço tal como os conhecemos, e não há possibilidade de contradições. O império do Princípio do Prazer e também do gozo.

Por esse prisma, L. não é nada além de "café com leite"[11], no sentido mais autêntico das brincadeiras de criança: um nada, pois nada vale. Nada, que tem a sua existência e permanência benevolentemente toleradas. Nenhuma regra a atinge. E como nada vale, tudo vale. A criança aparece muito imersa no discurso materno, onde negro e loiro são marcas importantes, significantes. Loira talvez seja o que a mãe de L. gostaria de ser, para sentir-se em condições de manter o homem desejado perto de si. Dessa forma, quem se torna loira é a filha, através dos poderes de Midas do desejo inconsciente materno, desejo este que L. viria a completar, para ser, talvez, valorizada pela mãe ao possuir um atributo que teria para ela peso-ouro. Nos fatos assim interpretados, L. não pode ser um sujeito diferenciado de sua mãe, sendo somente a manifestação especular do desejo desta. Por outro lado, os mesmos fatos e sintomas podem marcar a busca da menina em se afirmar enquanto sujeito, de resgatar suas origens e constituir sua inteireza. O que poderia ser lido somente como uma ideia delirante – ser loira – pode ser também um pedido para se nomear a parte dela que permanece recusada no contexto da família e não devidamente simbolizada: seu pertencimento e origens étnicos, assim como os fatos consequentes a essa não simbolização (a relação do casal pai/mãe, pai/outra mulher, pai/filha; todas culminando na vivência do abandono).

> Não é tanto o confronto da criança com uma verdade penosa que é traumatizante, mas o seu confronto com a "mentira" do adulto (vale dizer, o seu fantasma). No seu sintoma, é exatamente essa mentira que ela presentifica. O que lhe faz mal não é tanto a situa-

---

11. "Café com leite", na terminologia dos jogos infantis, é a criança desconsiderada, que não manda, que não opina, que se submete.

ção real quanto aquilo que, nessa situação, não foi claramente verbalizado. É o não dito que assume aqui um certo relevo (Mannonni, 1970: 70).

L. é filha de negra e branco, merecendo o lugar de direito de cada uma das partes que compõem a sua condição de "mestiça". Passa-se, desse modo, da condição de "café com leite" para a de ser feita "de café" e "de leite". Ambos compõem o inteiro, heranças materna e paterna que a constituem como humana. É, então, possível se observar os mesmos fatos dos dois lados. Um que privilegia a *psicose*, marcando a ausência de um sujeito, já que está todo ele imerso num denso discurso familiar que não lhe dá lugar, nem direito para surgir e ter sua fala independente – a cela da loucura. O outro traz o privilégio da *neurose*, no qual o sintoma é o grande apelo do sujeito para se libertar e se fazer valer através de sua voz. A criança, sendo marcada pelo universo simbólico dos pais, por sua vez influenciados pelas gerações anteriores, apresenta em seu sintoma um enigma a ser decifrado por meio da palavra. Na psicose a alienação no universo simbólico do Outro é quase total, diferentemente do que ocorreria na neurose (MANNONNI, 1971).

Ser este nada de café com leite – totalmente positivado pelo *quantum* de sofrimento que traz – porta também a possibilidade de ser seu oposto, o *tudo*, inclusive loira! É, para o observador desatento, ou melhor, desavisado, algo bizarro. Mas, para os acompanhantes das vivências e expressões de L., a questão mostra a ambiguidade desta situação que, ao chamar atenção para nossa garota através de seu ato insólito, permite a abertura do caminho a ser percorrido para que L. venha a ser ela mesma!

Por razões que só o inconsciente explicaria, quando a equipe, após discussões sobre o caso, decide não mais atender ao pedido de L. em ser chamada de "Fedora" – o que parecia, em determinado momento, estar se configurando como um duplo, uma personagem –, L. para de formular seus pedidos. O nome surgiu na instituição e nela morreu, cortando-se o gozo que havia em sua existência.

No que se refere à relação comigo, houve um aumento gradual de aproximação. L. me fazia sempre a pergunta: "você é loira"?; ao que sempre respondia: "sou negra". Era essa resposta que buscava, como num jogo no qual algo é repetido para o deleite de quem joga. Toda vez em que se fazia necessário ou possível – muitas vezes quando eu era elogiada por L. – a situação era aproveitada para mostrar semelhanças entre ela e eu, assim como favorecer a sua percepção do quanto era bonita. Por exemplo, mostrá-la no espelho com seus cabelos soltos.

Aos poucos, L. foi deixando de se denominar "loira" e passando a se chamar de "morena clara", depois de "morena". Eu, para ela, era "morena escura", o que era de certo modo permitido – embora sempre me afirmasse como "negra" – para que fosse mantido um eixo de identificação – a "morenitude" – que ela própria havia estabelecido[12].

Entre nós, havia várias brincadeiras e códigos utilizados para marcar atividades próprias, particulares a ambas. Músicas cantadas em determinadas situações de oficinas, "historinhas" que serviam como lembretes, fórmulas para execução de tarefas, como amarrar os sapatos. Tudo foi registrado na memória de L., que sempre se recordava de cada uma dessas marcas todas as vezes em que nos encontrávamos, durante visitas ao H.D., mesmo após o término do estágio. Um ritual que se repetiu sempre que possível, ritual que revelou a importância de uma convivência do passado, reavivada em minutos esparsos do presente.

Indubitavelmente, o fato de pertencermos à mesma etnia e de possuirmos uma fenotipia próxima foi fundamental na operação de mudanças, uma espécie de catalisador. No bojo de toda uma relação constituída, em nove meses de estágio, pôde ser vislumbrada a possibilidade de não mais se negar a negritude refletida no espelho. O tempo de uma gestação que, se fôssemos tomar a formação da identidade étnica de L. desde bebê, o trabalho ainda não estaria inteiramente concluído. Ainda assim, esse relacionamento foi como um ato terapêutico, capaz de causar alterações na posição do sujeito – sendo adequado ao espírito e objetivo das oficinas dentro da instituição.

Também, sem qualquer sombra de dúvida, as transformações operadas teriam outra qualidade – ou nem existiriam – se não hou-

---

12. A gama de cores e de aspectos fenotípicos (como claro/escuro, crespo/liso) são dados da linguagem marcados pela cultura nacional. Marcam "critérios de pureza" relativos à constituição da identidade étnica, tanto no que se refere à negritude, quanto ao que se refere à branquitude.

vesse todo o preparo de condições através do processo de terapia, ao qual L. tem se submetido há anos.

Recordando o comprometimento ético e político existente no fato de se considerar sempre o contato com o sujeito – no caso, crianças – é fundamental a oferta de condições adequadas para o desenvolvimento global da subjetividade, sendo a etnia ou as suas representações fenotípicas importantíssimos elementos desse trabalho. Neste sentido, as crianças devem poder experimentar em suas vivências grupais e institucionais a possibilidade de um posicionamento étnico adequado e também variado, com outras etnias, permitindo o alcance do conceito e da condição de humanidade plena.

Através dos breves relatos feitos, assim como das ideias formuladas acerca deles, houve a pretensão de enfatizar como os sintomas estão diretamente ligados à história do sujeito e de sua família, transcendendo a simples notificação de sinais reveladores de uma doença mental. Assim, L. traz, pela forma com que pôde agir no mundo, muito mais do que indícios de uma suposta psicose infantil. Traz a força de histórias que antecederam a sua existência, e que nela interferiram estruturalmente: os "não ditos" presentes em heranças e errâncias, "de café" e "de leite".

Referências

FREUD, S. (s.d.). Recordar, repetir e elaborar. In: *Obras completas*. Vol. XII. Rio de Janeiro: Standard Brasileira.

JURANVILLE, A. (1987). A teoria do inconsciente e o problema da existência do inconsciente. In: *Lacan e a Filosofia*. Rio de Janeiro: Zahar.

MANNONNI, M. (1971). *A criança, sua doença e os outros* – o sintoma e a palavra. Rio de Janeiro: Zahar.

_____ (1970). *A primeira entrevista em psicanálise*. Rio de Janeiro: Campus.

6 À FLOR DA PELE

Lia Maria Perez B. Baraúna

Introdução

A pesquisa intitulada *A força psicológica do legado social do branqueamento – Um estudo sobre a negritude em São Paulo*, investigou as determinações históricas, culturais, ideológicas e psicológicas da condição do negro brasileiro, tendo como foco os efeitos psicossociais das ideologias racistas sobre o próprio negro. A equipe investigou a questão sob diversos ângulos, tais como: levantamento bibliográfico sobre a história do movimento negro, sobre as teorias racistas e a chamada "ideologia do branqueamento", estudos sobre preconceito e etnocentrismo ligados à teoria crítica de Adorno, seminários sobre alguns textos de Freud etc. Ao lado dessa parte da pesquisa mais voltada à construção de uma estrutura teórica do trabalho, a equipe realizou uma pesquisa empírica com o objetivo de apreender as representações que os negros têm de si mesmos numa cultura marcada pelo ideal de embranquecimento.

Resumidamente, podemos colocar que o objetivo da pesquisa empírica foi o de captar, através de entrevistas, não só as representações, atitudes e valores dos sujeitos em relação à questão racial, como também os seus possíveis suportes psíquicos inconscientes. Várias entrevistas foram realizadas numa fase exploratória. Além dos objetivos acima citados, elas visaram também o aperfeiçoamento da própria técnica de entrevista a partir da análise dos resultados obtidos no sentido de torná-la um instrumento mais adequado aos objetivos da pesquisa. Foi como procedimento avaliador de técnicas que o presente trabalho, através da análise de duas entrevistas, pretendeu trazer uma contribuição para a pesquisa.

As duas entrevistas analisadas a seguir têm em comum o fato de pertencerem a essa fase exploratória, mas representam momentos diferentes no caminho percorrido pela equipe para dar conta dos objetivos da pesquisa. Cabe também esclarecer que as entrevistas não foram realizadas pela autora deste trabalho, mas por duas pesquisadoras da equipe.

A primeira entrevista que escolhemos analisar corresponde a uma fase da pesquisa onde havia um roteiro de temas previamente estabelecidos a serem investigados pelo entrevistador. Supunha-se que o roteiro, pela amplitude de temas que abordava, abarcasse todas as questões pertinentes à pesquisa. Entretanto, no que diz respeito à apreensão dos aspectos psicológicos (principalmente os inconscientes), essa estratégia de entrevista semidirigida revelou-se insuficiente. Apesar de fornecer muitos dados importantes sobre a vida e as ideias do entrevistado, não foi possível a partir deste tipo de entrevista fazer uma análise da estrutura interna desse discurso, pois ele é frequentemente permeado pelas intervenções do entrevistador, inclusive com questões que não sabemos se o próprio entrevistado se colocaria ou em que ordem. Ainda assim, o material abre possibilidades para uma análise da subjetividade da entrevistada e sugere alguns aspectos inconscientes, mas que só podem ser apontados como hipóteses.

Para fazer frente a essas limitações, uma outra possibilidade foi proposta, baseada principalmente na estratégia de pesquisa desenvolvida pela Profa.-dra. Arakcy M. Rodrigues[1] (1978) em diversos trabalhos. Esta consiste em iniciar a coleta de dados com uma entrevista aberta, sem nenhuma pergunta estruturada ou previamente estabelecida, visando criar condições para que o entrevistado fale do que quiser e estruture o discurso à sua maneira. Ele também não tem informações prévias sobre os objetivos reais da pesquisa, sobre o entrevistador e nem mesmo sabe quais os critérios que foram de fato utilizados para sua escolha como sujeito.

Essa estratégia – baseada na psicanálise – visa criar condições para que seja produzido um discurso com um mínimo de interferência externa, uma "associação livre", que possibilite a apreensão de mecanismos inconscientes. Ao fim da entrevista aberta, seriam colocadas as questões relacionadas ao roteiro dos temas, como estabelecido na fase anterior da pesquisa.

A segunda entrevista que analisaremos aqui foi realizada a partir dessa mudança de técnica. No entanto, é necessário fazer

---

1. Cf., por exemplo: RODRIGUES, Arakcy Martins. *Operário, operária*. São Paulo: Símbolo, 1978.

algumas ressalvas e tê-las em mente quando da análise do material: a entrevistada conhecia a entrevistadora e tinha informações sobre a pesquisa, o que certamente é uma interferência externa significativa, embora seja difícil precisar o quanto.

Analisaremos as duas entrevistas separadamente, e num segundo momento tentaremos verificar que tipo de dados pudemos obter em cada uma delas e em que medida eles diferem entre si em função da mudança de técnica.

Primeira entrevista

A primeira entrevistada, à qual nos referiremos aqui como A., é uma mulher negra de 47 anos, solteira, de classe média e advogada. Nasceu numa cidade do interior do estado, mas logo em seguida sua família veio para Z., onde mora até hoje. Seu pai trabalhava como construtor e sua mãe era dona de casa, passando a trabalhar fora quando A. já era adulta. Ela é a primogênita desse casal, e tem duas irmãs (sendo uma de criação). Conta que ela e as irmãs nunca foram "assim de ficar saindo", passeando, pois o pai era muito severo e não permitia. Diz também que "seu negócio sempre foi estudar", e que tem priorizado na sua vida o estudo e o trabalho.

Nessa primeira entrevista, que se baseou no roteiro de temas, a entrevistadora começa levantando dados biográficos, com ênfase na história escolar. Não é possível saber se a ênfase na escolaridade seria a mesma se a entrevista fosse conduzida de outra maneira, mas é inegável que a entrevistada, por sua vez, "alinhava" sua história *via* história escolar e profissional. Ao relatar seus caminhos e escolhas, ela está nos falando não só dos fatos em si, mas de seus desejos, ambiguidades, de seu lugar na família etc. Pode-se dizer que ela definiu esse trajeto ao mesmo tempo em que foi definida por ele. Assim, escolhemos fazer a análise dessa entrevista tendo como eixo aquilo que a própria entrevistada coloca como central: sua vida escolar e profissional. Nessa história, desde o início, ela deixou claro que a origem é circunstancial[2], não determinante, dando mais importância para a socialização e a criação[3].

---

2. A. diz: "nasci na cidade X, estado Y, *mas na verdade eu apenas nasci lá*" (grifos nossos).

3. A. diz: "Eu fui criada em Z".

Neste início ela nos conta também que durante toda sua infância, adolescência e começo da vida adulta, sua mãe era a *senhora do lar*. Não nos é possível saber qual a conotação que A. dá a isso, mas podemos supor que o lar, o espaço do privado, parece ter sido um domínio exclusivo da mãe, enquanto que o lugar, a "missão" de A. na família seria a de conquistar o domínio do "público", às vezes em parceria com o pai. Pela possibilidade que teve de se dedicar aos estudos, podemos supor que sua família valorizava esse aspecto e que preservou-a de outras atribuições, inclusive domésticas.

A. faz questão de deixar claro, desde o início, que conhece seus méritos e que valoriza sua formação, dando a entender inclusive que foi melhor do que a da entrevistadora (branca e bem mais jovem do que A.)[4], enfatizando que foi selecionada para frequentar bons cursos.

Cronologicamente, podemos colocar seus desejos em relação às profissões da seguinte forma:

> – quando criança, queria ser advogada, e faz algumas associações a esse respeito: desejava ser chamada de doutora, ser advogada era uma profissão rara para a mulher, que aparecia como algo glamouroso e distante no imaginário da periferia da cidade (desejo de se diferenciar desse meio). Parece também que a profissão apelava para um desejo onipotente, que poderia dotá-la de um poder "oficial" no contato com a justiça;

> – na adolescência, A. desenhava plantas de casas para o pai construir, e este gostaria que ela se tornasse engenheira. Os engenheiros contratados pelo pai, no entanto, eram aqueles que colocavam no papel e oficializavam as ideias e projetos dele, e não os seus próprios. Apesar de A. satisfazer naquele momento o desejo paterno de ser aquela que conseguia abstrair e fazer uma representação das ideias dele, ela preferiu voltar-se para a possibilidade de "construir" seus pró-

---

[4]. A. diz: "Bom, fiz o ginásio no Ginásio Estadual X. que, na verdade, antigamente, era bem diferente de hoje, porque nós tínhamos latim, inglês, francês, [...] porque, veja bem, principalmente a escola estadual era a melhor que nós tínhamos [...]".

prios "projetos" (no que, ao que tudo indica, foi respeitada e não sofreu oposição da família);

– relata um grande interesse pela psicologia durante o Curso Normal (psicologia da criança e do adolescente). A psicologia naquele momento parece ter sido uma possibilidade de compreensão do processo de desenvolvimento, que responderia a uma necessidade da própria A. (sua origem é circunstancial, mas como se dá a construção posterior?). Essa necessidade vai posteriormente tentar ser suprida de outra maneira (que trataremos em outro momento). Assim, apesar desse interesse pela psicologia, o conhecimento do psicológico acabou aparecendo como algo instrumental, auxiliar na sua percepção do que não está explícito. Parece inclusive considerar que seus conhecimentos na área já permitem a ela esse tipo de uso. É interessante também observar que A. faz questão de colocar para a entrevistadora que aprendeu no Curso Normal o que hoje se aprende na faculdade[5];

– quando finalmente decide fazer o curso de Direito, parece ter uma certa vergonha, provavelmente ligada aos desejos infantis anteriormente citados. Para justificar essa escolha, acaba colocando o acaso, a sua generosidade (vontade de ajudar o primo no estudo preparatório do vestibular) e até o desejo de Deus de que ela fosse advogada. Acreditamos que essa escolha veio responder a várias necessidades, que não se limitam às da infância (ter poder e ser chamada de doutora). Como advogada, ela poderia se apropriar de um processo (do início até a defesa final), "cercar" uma questão e direcioná-la[6]. De certo modo, pode-se dizer que é isso que A. faz na sua relação com o mundo: ela vai "cercada" de signos (roupa, títulos etc.) que se sobrepõem de tal maneira

---

5. A. diz: "O Curso Normal que nós fizemos [...] a coisa era bem diferente, eu não sei eu não posso falar dos cursos que vocês fazem hoje, mas naquela época era diferente, a gente aprendia, muita coisa que o pessoal aprendia na faculdade, eu aprendi realmente no Curso Normal".

6. A. descobre este lado seu nos tempos da faculdade: "quando entrei na faculdade eu já trabalhava no Fórum Central [...] e eu gostava de, ao invés de apenas fazer um cálculo num processo, eu gostava de estudar o processo da petição inicial ao recurso extraordinário. Do início até a defesa final".

à sua origem (racial e de classe social) que esta se torna secundária, não determinante.

Ela não tem dúvidas sobre o seu valor, o que parece ser algo eficazmente interiorizado. Do ponto de vista subjetivo, isto pode ser atribuído às suas vivências mais precoces com uma família que foi capaz de reassegurá-la. No entanto, isso não seria suficiente se não estivessem presentes na sua vida algumas condições objetivas, tais como:

> – sua família vivia num meio onde, embora a maioria das pessoas fossem brancas, não havia diferenças de classe social[7]. Isto nos sugere algo que, apesar de precisar ser melhor investigado, permite-nos levantar a hipótese de que a discriminação racial é menor entre os pobres. Esse meio, além de homogêneo do ponto de vista socioeconômico, não apresentava uma mobilidade como é comum entre as famílias pobres, e sim uma constância, uma permanência[8]. Pode-se dizer que A. é uma pessoa "enraizada" num espaço social onde sua família sempre teve um lugar. Entre outras famílias pobres, a sua não era das mais desprivilegiadas, tendo chegado inclusive a ajudar famílias brancas mais pobres. Dentro desse contexto, A. nos diz que não teve, ao menos na sua infância, uma vivência de discriminação racial que pudesse fazê-la associar o ser negro com ser pior ou inferior ao branco[9]. Seu mundo da infância parece ter possibilitado um reconhecimento social que sustentou e reforçou sua dignidade pessoal. Acreditamos que a partir do momento em que se deu conta de que o lugar dos negros no mundo social mais amplo era diferente do lugar dos brancos (e pior), ela já tinha condições psicológicas e intelectuais para se contrapor a isso e até mesmo para ocupar um espaço do qual julga (acertadamente) ser merecedora;

> – A existência de escolas públicas de boa qualidade na época em que A. foi escolarizada proporcionaram a ela uma boa

---

[7]. A. diz: "aqui todos eram pobres, não tinha classe média".

[8]. A. diz: "todos esses brancos que moram aqui já moravam naquela época e os nossos relacionamentos eram com toda essa gente que mora aqui até hoje".

[9]. A. diz: "naquela época eu não sentia porque não me dava conta do mundo".

formação e os "instrumentos" básicos (do ponto de vista objetivo), que aliados às suas condições pessoais (afetivas e cognitivas) permitiram que se tornasse uma profissional competente e respeitada.

Sua história, no entanto, foi construída às custas de uma dureza muito grande consigo mesma, talvez com uma dose excessiva de renúncias em relação a outros desejos e necessidades. Em parte pelas características da própria entrevista (que foi semidirigida e não investigou alguns aspectos que nos ajudariam a levantar hipóteses), limitar-nos-emos aqui a assinalar esse aspecto da personalidade de A. sem tentarmos atribuí-lo a uma dinâmica intrapsíquica. Por outro lado, é importante lembrar que vivemos numa cultura que impõe pesados sacrifícios pulsionais a todos, especialmente àqueles que são historicamente marcados e estigmatizados pela cor e classe social. A intransigência de A. é, portanto, bastante inteligível do ponto de vista das condições objetivas. Ela é muito exigente consigo mesma e estende essa exigência aos outros, em especial quando são negros. Ao ignorar que boa parte do sofrimento e da dor que necessariamente viveu (e continua vivendo) na sua ascensão profissional é um tributo social injusto, historicamente determinado, ela acaba muitas vezes defendendo a educação pela dureza. Cabe aqui citar uma passagem de um texto de Adorno[10] que explicita bem esse mecanismo: "Aquele que é duro contra si mesmo adquire o direito de sê-lo contra os demais e se vinga da dor que não teve a liberdade de demonstrar, que precisou reprimir".

Embora A. pareça minimizar as condições objetivas de opressão às quais os negros estão submetidos (além de subestimar a força irracional da discriminação e do preconceito racial), ela não as desconhece e consegue combatê-las racionalmente, esperando que outros negros façam o mesmo. Acaba criando, no nosso entender, uma interessante forma de resistência (politicamente falando), em relação à qual nossas observações anteriores não têm o intuito de desvalorizar, e sim de explicitar alguns aspectos menos visíveis.

A postura de A. em relação à questão racial é uma forma de resistência na medida em que faz com que ela recuse o fatalismo e o

---

10. ADORNO, T.W. Educação após Auschwitz. In: COHN, G. (org.) FERNANDES, F., (org.). São Paulo: Ática, 1986, p. 39.

papel de vítima indefesa e ocupe, sendo mulher negra, um lugar tradicionalmente reservado aos homens brancos. Ao mesmo tempo, lança luz e aponta para algumas condições subjetivas das dificuldades de alteração do lugar do negro na sociedade: os negros introjetaram de tal forma o preconceito que muitas vezes não são capazes de ver a si mesmos como "doutores", chegando a atacar outros negros que, como ela, atravessam essa fronteira social. Essa competição, segundo A., "favorece o branco". A. nos mostra que é necessária uma mudança não só na sociedade, mas uma mudança que passa pela subjetividade, pois sem isso o negro não consegue ocupar alguns espaços mesmo que eles já existam.

Por tudo isso, ela acaba, de certo modo, sentindo-se só ao conseguir ocupar um espaço que não consegue compartilhar com outros negros. Nesse contexto, ela tem dificuldades de estabelecer relações amorosas, pois gostaria da fazê-lo com negros, mas não os encontra ocupando lugares semelhantes aos seus. Obviamente, as razões de sua solidão não se reduzem a isso, estando ligadas também a questões subjetivas a respeito das quais não temos dados que nos permitam ir mais longe na nossa análise.

A atuação profissional e política de A. não se vincula especificamente ao movimento negro, e isto se coaduna com sua luta por "aquela igualdade que está inserida no artigo 5º da Constituição, onde se fala que os homens e mulheres são iguais perante a lei sem preconceito de raça, credo, cor, religião" etc. Ela não abre mão de existir e participar, como mulher negra, nos espaços sociais que são legalmente de todos, e sabe fazer valer esse direito.

No entanto, mesmo se tratando de uma pessoa com todos esses recursos, podemos visualizar a sombra que acompanha o negro na sociedade quando A., ao responder a uma pergunta sobre sua vida social (se vai a festas, se frequenta clubes etc.), coloca: "é que eu não participo de nenhum lugar assim. Eu só vou quando sou convidada. E quando sou convidada, sou convidada por pessoas amigas". Assim, sem a proteção de seus títulos e/ou de seus amigos brancos, quando o visível é apenas a cor de sua pele, A. não é livre para ir e vir, pois não tem nenhuma garantia de que será tratada com respeito.

Segunda entrevista

A segunda entrevistada, que chamaremos de B., é uma mulher negra de 32 anos, casada, sem filhos, de classe média e com escolaridade de nível superior.

Seu pai era músico e morreu quando a mãe estava grávida dela. Sua mãe foi então trabalhar e acabou ficando até o fim de sua vida na casa de uma mulher que a acolheu desde a gravidez, tornou-se madrinha de B. e ajudou a criá-la. Essa mulher era solteira, não tinha e nem teve filhos. Assim, B. foi filha única, criada por essas duas mulheres (a mãe e a madrinha) como uma criança de classe média e não como a filha da empregada.

A segunda entrevista é não diretiva e se inicia com uma colocação da entrevistadora que cria condições para um discurso livre: "fale do que quiser, como quiser, o que vier à sua cabeça [...]"

No entanto, sabemos que a entrevistada tinha informações sobre a pesquisa e não podemos descartar a possibilidade de que isso tenha tido algum peso, pois sua primeira fala vai direto à questão racial. Mas ela escolhe uma maneira muito particular de abordar a questão, associando inicialmente uma situação em que mentiu para uma amiga, quando tinha cinco ou seis anos de idade, a respeito de "quem era sua mãe". Disse que sua madrinha (uma mulher branca), era sua mãe (que era negra). Essa mentira, que expressa de maneira muito evidente o desejo de ter uma mãe branca (e de ser branca), é, em seguida, racionalizada e justificada como sendo coisa de criança, que queria ter uma mãe parecida com as mães das outras crianças da escola. Quando tenta "explicar" esse episódio usa expressões como "é claro", "é lógico" etc., para reforçar a ideia de que dentro do contexto da infância não se poderia esperar outra coisa. No entanto, fica evidente que existia um incômodo específico em relação à diferença de cor, e não às diferenças em geral, se nos lembrarmos que o pai de B. havia morrido e ela não sentiu nenhuma necessidade de mentir a esse respeito, apesar da maioria das crianças ter pai. Esta dissimulação em relação a esse episódio da infância, como se o desejo de ser branca só tivesse ocorrido aí, e por questões circunstanciais, permanece, no nosso entender, como um fantasma até hoje.

Nesse desejo de se afastar de suas origens e até mesmo negá-las, B. sente que teve alguma cumplicidade da mãe, pois esta também se esforçava para que ela frequentasse o meio social da madrinha. A mãe até mesmo evitava levá-la quando ia visitar seus amigos e parentes, negros e pobres, como que para protegê-la de sua própria história, apesar da insistência da madrinha para que B. acompanhasse a mãe nessas visitas e entrasse em contato com essa realidade. Dentro deste contexto, diríamos que talvez B. se sentisse legitimada e incentivada pela própria mãe nesse seu desejo de ser branca, nesse faz de conta, mas, ao mesmo tempo, é como se a consciência de sua condição de negritude fosse denunciada e revelada pela sua "mãe branca". Ou seja, o meio branco seria o primeiro a apontar as diferenças, mesmo que isto fosse feito com um sentido positivo, como era o caso de sua madrinha.

As primeiras associações de B. na entrevista falam de uma mentira compartilhada, que ela atualiza querendo compartilhar com a entrevistadora, reafirmando o desejo de eliminar esse conflito.

O esforço de cisão e negação para não entrar em contato e se proteger de coisas que a incomodavam e ameaçavam (e a consciência de sua negritude estava entre elas) aparece também quando fala de suas brincadeiras infantis. B. diz que escolhia jogos e brincadeiras em que não se sujava, não caía, não corria o risco de se machucar etc. Conta também que chorava por qualquer coisa, como se tudo fosse muito difícil e doloroso, mesmo aquilo que fazia parte de sua rotina (ir para a aula de natação, por exemplo).

Um dos aspectos desse "trabalho psíquico" para eliminar o conflito é o de que B. parece ter vivido uma sensação de irrealidade frente à sua origem, seus vínculos[11]. Isso é trazido por ela com uma certa leveza, como uma constatação de que não precisou de ninguém "de verdade" para existir, e é nesse momento que passa a falar sobre sua adolescência. Fala desse momento de sua vida como sendo tão bom que ela gostaria que tivesse durado para

---

11. B. diz: "...eu nunca tive parente de verdade [...]. Os da minha madrinha, os sobrinhos dela, as irmãs dela que eu chamava de tia, [...] não eram de verdade [...], mas minha mãe tinha alguns [...], umas pessoas, primos [...] que tinham vindo para cá e eu nunca falei, os meus parentes. Ah, acho que amanhã a minha mãe vai na casa daqueles parentes dela [...]. Eu achava, que bom, eu não tenho nenhum [...] eu tenho tios, tias, avôs, avós, mas são todos [...] nenhum deles era de verdade. [...] mas os que eram de verdade também não eram meus [...] era uma coisa de minha mãe".

sempre[12]. Ao descrever as condições que possibilitaram essa vivência, B. enfatiza a relação "aberta" que teve com a mãe e a madrinha, de muito diálogo e incentivo. Sua principal aliada nesse momento era a madrinha, cujas opiniões acabavam predominando sobre as da mãe. Esta não chegava a entrar em conflito e acatava os argumentos da madrinha, mesmo que não concordasse muito com eles. B. colocava também que o viver com duas mulheres sozinhas, "que se viravam" sem a presença de um homem, deu-lhe uma sensação de "não necessidade". Assim, podemos dizer que na adolescência ela conseguiu satisfazer alguns desejos que na infância tinham alto custo: o de eliminar os conflitos e as necessidades.

No entanto, para que sua vida na adolescência fluísse da maneira que descreveu, foi necessário deixar intocada a questão que B. coloca logo no início: a consciência de sua negritude. Isto aparece quando ela, depois de descrever de maneira bastante idealizada sua adolescência, passa a relatar que nessa fase sofreu experiências de discriminação racial que foram vividas como intoleráveis. Sua reação nesses momentos era semelhante àquela que tinha na infância frente a qualquer ameaça (real ou imaginária): gritava e chorava, não conseguindo colocar em palavras e explicitar o que pensava e sentia. É como se essa questão tivesse ficado "congelada" dentro dela, não metabolizada e, em relação a isso, ela só podia reagir como uma criança pequena, sem outros recursos para se defender se não o de gritar e chorar. Assim, colocar que esse choro de dor e de ódio seria apenas uma reação ao absurdo da discriminação, como B. o faz, parece-nos insuficiente para compreendê-lo. Além da perplexidade frente à situação externa (a irracionalidade do racismo) parece haver também uma extrema fragilidade interna em relação à consciência de sua negritude. É como se B. nunca tivesse até então lidado com essa questão, preferindo não tomar conhecimento dela, fazendo de conta que nada disso existia. Sua identidade e autoestima foram construídas à margem do fato de ser negra. Apesar de perceber que existia algo de inexplicável na discriminação, não havia ainda a possibilidade de uma crítica, do ponto de vista social e político, a essa situação. Em última instância, do ponto de vista individual, o fato de ter nascido

---

12. B. diz: "Eu adorei a minha adolescência. Eu amei. Por mim eu teria ficado eternamente adolescente".

negra só podia ser visto, nesse contexto, como um azar e o desejo de que isso não tivesse acontecido com ela esteve sempre implícito, mesmo que isso nunca pudesse ter sido admitido (e por isso mesmo não elaborado). Resumidamente, podemos dizer que B. permanece nessa contradição: de um lado, afirma que nunca quis ser branca; de outro, o desejo de ser enquanto um fantasma que não foi elaborado.

É claro que o desejo de ser branca expressava não um incômodo com a cor da pele em si, mas com o sofrimento que essa condição efetivamente traz numa sociedade prenhe de ideologias racistas e práticas discriminatórias. Parece-nos, por outro lado, que a maneira como B. lida com essa situação externa (de fato injusta e irracional) sugere que o próprio sofrimento é vivido como intolerável e absurdo, algo que não deveria fazer parte de sua vida.

Se até então estamos tratando fundamentalmente dos mecanismos psicológicos subjacentes à sua relação com a negritude, é importante apontar também alguns fatores objetivos presentes no relato de B. e que foram um solo fértil na sua dificuldade de integração interna.

A história de sua vida tem, desde a origem, um elemento fantástico, quase mágico: o aparecimento da madrinha (que às vezes parece uma fada madrinha) no caminho da mãe, na época grávida de B., que mudou radicalmente seu destino. Da criança que nasceria filha de uma mulher pobre e viúva, sem recursos materiais para educá-la, B. tornou-se uma criança que pôde ser bem-cuidada, tendo acesso a boas escolas, clube, cursos extracurriculares, viagens etc. Ela sempre viveu num meio típico de classe média cuja esmagadora maioria é branca, e o fato de ser negra era o único elemento visível que a diferenciava. Dentro desse contexto, e com os recursos afetivos e cognitivos que dispunha na época, provavelmente a crítica à irracionalidade da discriminação não dava conta de seu desamparo, pois o que ficava camuflado é que parecia haver algo de absurdo no próprio fato dela ser negra[13].

---

13. B. diz: "Eu não me conformava. Eu nunca pensei, eu me lembro bem, porque eu não sou branca. Isso eu não pensava [...] Por que isso com as pessoas negras? Comigo, claro, comigo. Na época eu tinha uma questão muito individual, por que comigo, porque isso, por que comigo? Qual a diferença, que coisa absurda, eu tenho as mesmas coisas, os mesmos lugares, eu falo a mesma língua, enfim, como é que tem cabimento? Eu vi [...] então eu vou ser inferiorizada, isso eu não admitiria, essa questão de ser inferiorizada".

Certamente, o fato de ter vivido sempre num meio hegemonicamente branco foi um fator importante que, aliado à questão da falta de contato e de vínculo com sua família de origem (negra), trouxeram esse sentimento de estranheza em relação a si mesma, mais especificamente à sua cor. Seu primeiro contato com um meio onde os negros são hegemônicos e cultivam uma identidade social positiva baseada na cultura negra se deu quando começou a militar no movimento negro, já na vida adulta. São interessantes as descrições que B. faz do início de seu contato com a militância e a cultura negras, pois se tem a impressão de que ela precisou primeiro "se fantasiar" de negra para tentar aprender a se sentir como tal[14].

A partir dessa valorização positiva de uma identidade negra, cujo elemento narcísico é evidente (e fundamental), B. pode estabelecer vínculos afetivos com outros negros (inclusive por serem negros). Isso tudo, aliado à possibilidade de uma crítica social e política da situação do negro, criaram condições, no nosso entender, para que B. construísse uma imagem de si menos fragmentada. Podemos dizer que sua participação no movimento negro teve a função, antes de mais nada, de tornar a negritude menos absurda para ela mesma. B. teve êxito nessa tarefa de iluminar sua negritude, mas deixou na sombra (talvez não se perdoando) apenas o reconhecimento de que um dia desejou ser branca.

É interessante apontar para a dupla função que a participação no movimento negro exerceu no caso de B. (e é o que provavelmente ocorre com muitos outros negros). Existe, de um lado, a luta política contra a discriminação, que responde à necessidade de denunciar e se contrapor a uma situação extremamente injusta. Mas está presente, ao mesmo tempo, a necessidade psíquica de tratar as feridas narcísicas que são infligidas ao negro na nossa sociedade pelo simples fato de ser negro. Não se trata aqui de uma

---

14. B. diz: "Eu comecei a fazer dança afro, e através dela [...] aí eu fui pro movimento negro [...] então frequentava muitas reuniões [...] e assim que eu comecei a militar mais, é lógico que eu tive aquela fase de euforia, de radicalismo, então lá em casa só tocava música negra [...] Depois, claro, essa fase passou, foi muito engraçado e passou, e importante, tinha que ser daquele jeito; andava só com uns panos na cabeça, todas as camisetas estavam escritas alguma frase, 400 buttons e tal, enfim depois, é claro que suavizou, que entrei em outras instituições me envolvendo tanto nesse sentido na questão do negro, de ser negro no Brasil, como fazer para isso não se tornar uma coisa absurda como também me envolvendo sentimentalmente com as pessoas".

curiosidade ou de um simples resgate das origens ou preservação da memória, como no caso de entidades ligadas a outras etnias. É provável que, em muitos casos, o que move a busca de uma identidade negra é um mal-estar frente à própria autoimagem, causado pelas condições dadas socialmente.

Conclusões

As análises das duas entrevistas nos trouxeram dados bastante ricos, onde foi possível uma compreensão, um entrelaçamento que levou em conta fatores subjetivos e objetivos. Acreditamos que os resultados obtidos nessas análises, ao lado de análises de outras entrevistas, tragam uma massa de dados que possibilitem o contorno de alguns perfis psicossociais relativos à situação do negro na sociedade brasileira.

Passaremos agora a fazer uma comparação entre os resultados obtidos na primeira e na segunda entrevistas, e em que medida eles variam em função da diferença de técnica, para finalmente colocar qual seria, no nosso entender, a técnica de entrevista mais adequada aos objetivos da pesquisa.

A primeira entrevista nos traz muitos elementos onde é possível traçar um perfil psicológico calcado principalmente no modo de funcionamento egoico[15] da entrevistada. Foi possível chegar a uma descrição de seu trajeto e das prováveis razões que a levaram a escolher isso ou aquilo, mas temos dificuldades de saber a que mecanismos e desejos inconscientes essas escolhas estão referidas. Pudemos levantar algumas hipóteses que, no entanto, só poderiam ser confirmadas com uma investigação mais aprofundada, o que só uma entrevista aberta proporcionaria.

A segunda entrevista, mesmo com todas as ressalvas feitas no início de sua análise, abriu espaço para o surgimento de um discurso livre, onde a entrevistada teve de estruturar sua fala sem referências externas, o que nos possibilitou fazer um tipo de análise que apontasse alguns aspectos psíquicos inconscientes: desejos,

---

15. *Egoico* aqui no sentido dado pela Psicologia do Ego, isto é, "o ego é concebido antes de mais nada como um aparelho de regulação e de adaptação à realidade". LAPLANCHE & PONTALIS. *Vocabulário de Psicanálise*. 3. ed. Lisboa: Moraes, 1976, p. 184.

mecanismos de defesa, afetos etc. Nesse sentido, a apreensão desses aspectos inconscientes é justamente o que nos permite e nos dá acesso ao que é propriamente do sujeito, o que de fato diz respeito à sua subjetividade. No caso de A., ao contrário, é como se só tivéssemos acesso ao resultado desses processos, ou seja, ao nível sintomático, à formação de compromisso (psicanaliticamente falando)[16].

Nesse sentido, fica aqui confirmada a necessidade de realização de uma entrevista aberta antes da aplicação do roteiro de temas para que se possa ter acesso ao que é propriamente subjetivo, a elementos que permitam afirmar qualquer coisa nesse nível. Acreditamos que a segunda entrevista seria ainda mais rica em possibilidades de análise se a entrevistada não tivesse conhecimento prévio da entrevistadora e da própria pesquisa.

É importante que haja uma preparação prévia do entrevistador para que este possa lidar com a tensão e a angústia (dele e do entrevistado) que muitas vezes se faz presente numa entrevista aberta, e que pode levá-lo a fazer intervenções inadequadas. O entrevistador precisa suportar os silêncios, deixando que o entrevistado resolva esse mal-estar da maneira que puder, pois esse movimento do sujeito é um material importante para a pesquisa. É necessário também que mantenha uma postura de aceitação e interesse, não introduzindo qualquer qualificação sobre o que o entrevistado trouxer, mesmo que este não faça referências ao que supostamente seria o material de interesse para a pesquisa. Nesse momento da entrevista não é necessário, nem desejável, que se interrompa o entrevistado para pedir mais esclarecimentos, pois isto pode ser feito na ocasião da aplicação do roteiro de temas. Por ser bastante esclarecedor, citaremos um trecho de uma apostila denominada *Instruções para a entrevista* (s.d., mimeo.), da Profa.-dra. Arakcy M. Rodrigues: "Neste discurso livre do entrevistado, o que interessa é a sequência e a forma de organizar os assuntos. Tudo o que ele esquece ou omite, os temas que ele interrompe, as

---

16. Estamos usando aqui o termo *formação de compromisso* tal como ele é definido no *Vocabulário de psicanálise* (LAPLANCHE & PONTALIS. *Vocabulário de Psicanálise*. 3. ed. Lisboa: Moraes, 1976): "Forma que o recalcado vai buscar para ser admitido no consciente, retornando no sintoma, no sonho e, mais geralmente, em qualquer produção do inconsciente; as representações recalcadas são então deformadas pela defesa ao ponto de serem irreconhecíveis. Na mesma formação podem assim satisfazer-se – num mesmo compromisso – simultaneamente o desejo inconsciente e as exigências defensivas" (p. 257).

passagens que ele relata de forma incompreensível etc. nos trarão muitas informações [...]".

Dadas as especificidades da entrevista aberta é importante considerar a necessidade de uma supervisão clínica das entrevistas (no sentido em que o termo é utilizado na psicologia clínica), que teria como função não só o esclarecimento do material obtido e a discussão técnica da realização destas, como também a de ser um suporte para os próprios entrevistadores na medida em que este tipo de entrevista costuma suscitar muitas ansiedades e angústias. O trabalho de supervisão poderia ajudar a diminuir a ansiedade dos entrevistadores, além de "aperfeiçoá-los" para a realização de outras entrevistas.

Apesar das limitações apontadas, é inegável a riqueza do material obtido a partir das análises dessas entrevistas, que vêm contribuir para uma maior aproximação dos mecanismos psíquicos subjacentes à questão racial no Brasil.

Finalizando, acreditamos que essas reflexões sobre as duas entrevistas e a experiência acumulada pelo grupo de pesquisa possam também trazer dados interessantes para outras pesquisas em psicologia social que se proponham a investigar configurações psíquicas subjacentes às representações sociais.

Referências

ADORNO, T.W. (1986) Educação após Auschwitz. In: COHN, G. (org.). *Theodor W. Adorno*. São Paulo: Ática. [Coleção Grandes Cientistas Sociais.]

BLEGER, J. (1980) *Temas de psicologia* – Entrevistas e grupos. São Paulo: Martins Fontes.

LAPLANCHE, J. & PONTALIS, J.B. (1976). *Vocabulário de psicanálise*. 3. ed. Lisboa: Moraes.

MICHELAT, G. (1987). Sobre a utilização da entrevista não diretiva em Sociologia. In: THIOLLENT, M. *Crítica metodológica, investigação social e enquete operária*. 5. ed. São Paulo: Polis.

RODRIGUES, A.M. (1978). *Operário, operária*. São Paulo: Símbolo. [Coleção Ensaio e Memória 11.]

_____ (s.d.). *Instruções para entrevista*. São Paulo: Instituto de Psicologia da USP. [mimeo.].

7 BRANQUITUDE – O LADO OCULTO DO DISCURSO SOBRE O NEGRO

Maria Aparecida Silva Bento

Este artigo constitui-se numa abordagem psicossocial do processo de formação sobre relações raciais do Ceert[1]. A experiência do Ceert na formação sobre relações raciais em diferentes instituições tem revelado que, a despeito dessas diferenças, os desafios de ensinar sobre racismo têm sido mais parecidos do que diferentes.

Por conta disso, serão reportadas experiências de formação, tais como as referentes às áreas de Direito; Psicologia social e organizacional e educação, uma vez que, independentemente das áreas, do grau de escolarização e das experiências dos participantes, o tema das relações raciais no Brasil é tão silenciado que, não raro, há mais similaridades do que diferenças no nível de informação sobre este, nas questões e nas resistências apresentadas.

De qualquer forma, inicialmente é bom lembrar que os cuidados para abordar o tema *relações raciais* junto a grupos mistos de negros(as) e brancos(as) não são poucos, sob a pena de se diminuir rapidamente o número de participantes dos cursos.

Grande parte das manifestações racistas cotidianas são clandestinas e maldimensionadas. Os legados cumulativos da discriminação, privilégios para uns, déficits para outros, bem como as desigualdades raciais que saltam aos olhos, são explicadas e, o que é pior, frequentemente "aceitas", através de chavões que nenhuma lógica sustentaria, mas que possibilitam o não enfrentamento dos conflitos e a manutenção do sistema de privilégios.

---

1. *Centro de estudos das relações de trabalho e desigualdades* é uma organização não governamental, apartidária e sem fins lucrativos criada em 1990 com o objetivo de conjugar produção de conhecimento com programas de intervenção no campo das relações raciais e de gênero, buscando a promoção da igualdade de oportunidades e tratamento e o exercício efetivo da cidadania.

Assim, ainda que os impactos do racismo se manifestem de modo diverso na vida de negros e brancos, não é incomum a tendência a fugir ou esquecer as condições de discriminado e de discriminador. É comum que pessoas que se inscrevem voluntariamente num curso sobre relações raciais se considerem e/ou sejam consideradas progressistas e estejam interessadas nos problemas sociais e muitas vezes engajadas em diferentes formas de luta contra a opressão.

Ao discutir sobre racismo, elas esperam abordar uma opressão que "está lá" na sociedade, e não em algo que as envolva diretamente, ou que envolva a instituição da qual fazem parte.

Nem sempre estão desejosas de admitir que, se são brancas, em alguma instância são beneficiárias do racismo. Por outro lado, a condição de discriminado, sempre associada ao insucesso, incompetência e inferioridade, nem sempre é assumida prontamente.

Desta forma, em diferentes momentos, o tema pode provocar reações intensas e contraditórias nos participantes, tais como dor, raiva, tristeza, sentimentos de impotência, culpa, agressividade etc.

Não raro, por conta desses sentimentos, surgem argumentações que visam desqualificar o debate, colocar em dúvida dados estatísticos que estejam sendo apresentados, tentativas de relativizar o problema com expressões que já se tornaram clássicas, do tipo "*os gordos e os japoneses também são discriminados*", ou, a mais frequente, culpabilizar os próprios negros: "*é, mas os próprios negros se discriminam, os negros não assumem sua identidade*" etc.

É fundamental uma leitura acurada dessas reações por parte do educador, uma vez que costumam ser manifestações acabadas da ideologia da democracia racial brasileira, que, como bem coloca Carlos Hasenbalg (1979), traz em seu cerne a *negação do preconceito e da discriminação*, a *isenção do branco* e a *culpabilização dos negros*. Essa negação aparece frequentemente quando não queremos enfrentar uma determinada realidade, quer porque não desejamos nos ver como sujeitos de determinados tipos de ações, quer porque temos interesses nem sempre confessáveis em jogo, ou ainda porque aceitar a realidade do racismo significa ter que realizar mudanças. Mudar, por exemplo, no sentido de reconhecer que muitas vezes aquilo que orgulhosamente classificamos como mérito está, na verdade, marcado também pelo privilégio, ou seja, numa sociedade racializada, ser branco sempre faz diferença. Dito de outra maneira, negros nas mesmas condições que brancos não costumam ter as mesmas oportunidades, os mesmos tratamentos.

Enfim, há muitos desafios a serem enfrentados quando se discute relações raciais, mas a experiência tem revelado que, de fato, esta é uma genuína experiência de formação política, pois, como discutiremos adiante, este tipo de curso tem servido como potente mobilizador de forças de emancipação e libertação.

No que diz respeito a discutir relações raciais num espaço como o movimento sindical, onde o lema fundamental é a luta contra a opressão de classes, o debate ganha outras peculiaridades. As pessoas que se consideram progressistas ou de esquerda têm uma forma particular de explicitar seu racismo ou sua omissão diante do racismo. Frequentemente têm um tipo de autoconceito que não lhes permite enxergar em si próprias traços de convivência – nem sempre pacata – com privilégio racial e de cumplicidade com um sistema que marginaliza e viola os direitos de outros grupos. O debate em torno da discriminação racial só é aceito se o foco estiver sobre o negro; caso o debate envolva as relações raciais e, consequentemente, o branco, prontamente o debate é tido como alienado, que desconsidera questões macros como o neoliberalismo, a classe etc., e tudo passa a ser considerado como a expressão de "um racismo às avessas".

Há, de fato, uma grande diferença entre enfrentar o debate em torno da opressão de classe e a de raça. Por essa razão, tomaremos os cursos ministrados no movimento sindical como mola-mestra para algumas reflexões.

Cursos de formação no movimento sindical

Desde 1990 temos ministrado este curso, em média vinte vezes ao ano, em diferentes instituições. O curso básico tem, em média, 16 horas.

Nos primeiros dois anos, o Ceert oferecia os cursos aos departamentos de formação do sindicato, através de dirigentes sindicais já sensibilizados para o problema da discriminação racial no trabalho. Posteriormente, o Ceert passou a ser procurado por sindicatos e centrais, muitas vezes pelos núcleos/comissões (de negros e mulheres) que vêm se ampliando ao longo da década de 1990.

As inscrições dos participantes e a infraestrutura para o curso ficam por conta dos sindicatos.

Antes de iniciar o curso, os participantes respondem a um questionário, no qual questões referentes à identificação pessoal estão colocadas. Entre 1992 e 1994 incluíamos neste questionário perguntas relativas às experiências de discriminação vividas no âmbito do trabalho e no cotidiano do movimento sindical. Atualmente, tais questões estão incluídas nos trabalhos vivenciais que ocorrem ao longo do curso. Uma análise de 400 questionários preenchidos neste período revelou que a idade média dos participantes é de 33 anos e, até 1995, a maioria (75%) era masculina. A partir de então vem crescendo a participação de mulheres. No ano 2000 fizemos um programa específico para mulheres, sobre o qual nos referiremos mais à frente. A maioria dos participantes é de negros – 77% – e, desses, 55% tem pelo menos o Ensino Médio completo. É importante assinalar a grande mobilidade geracional, pois os pais desses participantes têm, no máximo, a 4ª série do Ensino Fundamental. Dos participantes, 78% pertencem a um sindicato e 41% desses ocupam lugar de direção. A maioria desses participantes já integrou os quadros de entidades do movimento negro. Assim, a experiência do debate sobre relações raciais já foi vivida antes da participação no curso.

Da metodologia

A metodologia do curso foi inspirada naquela que vem sendo utilizada pelo movimento sindical nas últimas décadas, e foi elaborada por um grupo pequeno de profissionais do Ceert, onde se destacam o coordenador do programa sindical Hédio Silva Júnior e Joelzito de Araújo.

Araújo (1989)[2] chama a atenção para a existência de uma estreita relação entre o crescimento das experiências de educa-

---

2. ARAÚJO, Joelzito Almeida de. *Formação sindical e novo sindicalismo*. UFMG. [Dissertação de Mestrado em Ciências Sociais aplicadas à educação], 1989.

ção sindical e as propostas de educação popular inspiradas em Paulo Freire[3].

Os estudos de Araújo revelam que é possível observar as marcas do enfoque de Freire nos depoimentos dos educadores sindicais, que sempre utilizam expressões como "consciência crítica", "relação dialógica", "relação de troca entre educador-educando", "a reflexão da vivência individual como ponto de partida no processo de aprendizagem" etc. Ele chama a atenção para o fato de que, após o golpe de 1964 e durante a década de 1970, o processo de formação da classe trabalhadora articulou-se com a emergência dos movimentos sociais urbanos, ganhando novas características, tais como a auto-organização pela construção de uma nova concepção de política, a partir da intervenção direta dos interessados e pela diversidade de práticas e de representações de si mesmos.

Grande parte dos pressupostos de Freire orientaram também nossos cursos de formação sobre relações raciais, dentre eles:

– a visão do educador enquanto alguém que respeita, valoriza, incorpora e problematiza a experiência dos participantes;

– o processo educativo visto como facilitador do desenvolvimento da consciência crítica dos participantes e difusor de valores, tais como participação, democracia, igualdade e diferença;

– o processo de elaboração do curso procura contemplar aspectos da realidade da categoria e discutir os temas e conteúdos com os dirigentes sindicais e com os militantes de base;

– a realização dos cursos é matizada pela vivência do trabalhador e pela forma como pensa as relações raciais no movimento sindical.

São realizados diálogos/debates: exposições rápidas com informação (empíricas e/ou teóricas) necessárias.

Como uma organização preocupada com pesquisa e formação voltadas para o aspecto político das relações raciais, oferecemos aos participantes no cotidiano dos cursos imagens de livros, vídeos, trechos de depoimentos de brancos e negros sobre relações ra-

---

3. FREIRE, Paulo. *Pedagogia do oprimido*. 13. ed. Rio de Janeiro: Paz e Terra, 1983.

ciais, enfim, tudo o que possa ajudá-los a obter uma compreensão das causas políticas, econômicas e sociais do racismo. Por outro lado, enfatizamos também a realidade subjetiva que garante a sustentação e perpetuação dessa forma de opressão.

Desta maneira, o curso tem incorporado palestras, leituras, exercícios simulados e discussões que visam explorar também o impacto subjetivo do racismo, tanto sobre o opressor, quanto sobre o oprimido.

A última etapa do curso é sempre o planejamento da ação dentro do próprio sindicato visando a transformação da realidade debatida.

Do conteúdo

A linha-mestra dos cursos procura rever importantes momentos da história do Brasil, tais como a passagem do trabalho escravo para o trabalho livre, o imigrantismo, a industrialização, bem como a luta e resistência negras durante e após a escravidão.

Diferentes ângulos de visão informam a discussão em torno da europeização de conceitos como trabalho, luta, resistência, operário, que permeiam o cotidiano dos cursos de formação sindical e que fundamentam a concepção de que trabalho e luta no Brasil só começaram há um século, com a chegada dos imigrantes europeus que trouxeram em suas malas o anarco-sindicalismo[4].

O intuito é trazer novas informações que auxiliem a destruir mitos e desnudar os interesses que marcam o processo de escolha dos fatos históricos que são contados, discutir o repetitivo padrão racial das lideranças que são apresentados, visando auxiliar os ativistas a entender como se esvazia a participação daquele que foi praticamente o único produtor de riquezas durante 4/5 da história do país – *o trabalhador negro*[5]. Esse processo é mais que uma revi-

---

[4]. SILVA Jr., Hédio. *Sindicalismo e racismo*. São Paulo, 1992. [mimeo.]

[5]. IANNI, Octavio. *Raças e classes sociais no Brasil*. Rio de Janeiro: Civilização Brasileira, 1972.
FERNANDES, Florestan. *A integração do negro na sociedade de classes*. Vols. I e II São Paulo: Ática, 1978.
MOURA, Clóvis. *Brasil: raízes do protesto negro*. São Paulo: Global, 1983.

são histórica ou uma desconstrução de mitos, uma vez que permite ressignificar os grupos raciais e oferece condições para um movimento em busca de uma concreta redefinição de concepções e práticas sindicais. Ou seja, um processo de formação sobre relações raciais sempre pode se constituir em um processo eminentemente político.

A ideia de que ações racistas são esporádicas, ocasionais e frutos do desatino de um ou outro fanático racista é firmemente combatida com informações que denunciam o caráter estrutural do racismo à brasileira. Utilizamos diversas manifestações dos preconceitos e estereótipos raciais no cotidiano da vida sindical, nos materiais, documentos e na imprensa do sindicato[6].

A abordagem da dimensão explicitamente subjetiva está ancorada na produção de conhecimentos do Ceert[7] nos últimos anos, e enfoca o processo de naturalização do preconceito e do estereótipo em nossa subjetividade, que torna a todos, voluntária ou involuntariamente, cúmplices de sua perpetuação.

Tratar o racismo como um problema relacional e não como um problema de negros, focalizar permanentemente os legados para ambos os grupos vem sendo uma preocupação crescente nos cursos.

Durante o processo de formação, não raras vezes os participantes constatam que, diferentemente do que acontece na opressão de classe, a opressão de raça se encontra tanto "lá" onde está o patrão quanto aqui, entre companheiros de trabalho e de luta.

Quando está muito próxima, a identificação da discriminação racial é ainda mais incômoda, pois provoca tensões em relações de solidariedade entre negros e brancos muitas vezes construídas ao longo dos anos, nas portas das fábricas, nas assembleias, congressos das categorias etc.

Há que se gerenciar a tensão. De um lado, de se reconhecer como branco – o que nem sempre é tão espontâneo quanto parece – detentor de privilégios concretos e/ou simbólicos, capaz de ações discriminatórias contra trabalhadores, ações particularmente conde-

---

6. BENTO, Maria Aparecida Silva. *Resgatando a minha bisavó* – Discriminação racial e resistência nas vozes de trabalhadores negros. São Paulo: Puc-SP, 1992. [Dissertação de Mestrado.]

7. SILVA Jr., Hédio. *Sindicalismo e racismo*. São Paulo, 1992. [mimeo.]

náveis num contexto como o do movimento sindical. De outro lado, há que se perceber enquanto trabalhador negro, muitas vezes alvo, também no movimento sindical, de toda a carga pejorativa que a sociedade costuma atribuir a essa condição.

Constatar essa situação e reconhecer-se como alvo de discriminação racial normalmente ocorre quando já se pode arcar com toda gama de sofrimento e de mudanças de perspectivas de vida que este reconhecimento implica.

Com frequência os ativistas negros sentem-se impelidos a rever as piadinhas, as brincadeirinhas sobre negros, típicas da democracia racial brasileira, com as quais conviviam cotidianamente, muitas vezes com custos altos para sua autoestima.

Em outras vezes, terão que se defrontar com o desafio de levar esse debate para dentro da diretoria de seu sindicato, buscando rever a concepção e prática que norteiam a luta pela ampliação dos direitos de cidadania do trabalhador.

Essa gama de questões está entre os desafios que se tem que enfrentar ao abordar a questão das relações raciais no Brasil, procurando, ao mesmo tempo, garantir o aprendizado, a participação e o interesse de negros e brancos.

Nos cursos mais avançados utilizamos textos que produzimos com base em Adorno e Fanon[8], focalizando o substrato psicológico do racismo, ou seja, a função que o racismo tem na economia psíquica do sujeito racista como, por exemplo, no fortalecimento de sua autoestima à medida que se coloca como superior diante de outro grupo, ou que encontra um bode expiatório para suas próprias culpas e mazelas.

Mais recentemente[9] temos buscado enriquecer e destacar os processos de formação da identidade racial, em particular da identidade branca, enquanto um processo ideológico. Para trabalhar a dimensão subjetiva, geralmente realizamos oficinas, nas quais, a partir das vivências dos participantes, auxiliamos a emersão de conteúdos que favorecem uma reflexão mais acurada.

---

8. BENTO, Maria Aparecida da Silva. *O legado subjetivo dos 500 anos.* São Paulo [s.e.], 1997. [mimeo.]

9. BENTO, Maria Aparecida da Silva. *Branqueamento e Branquitude.* São Paulo: Ipusp-SP, 1997. [mimeo.]

O aprofundamento da abordagem do racismo enquanto um sistema que gera um legado cumulativo para negros e também para brancos, mas não apenas um legado de ônus e bônus, de déficits e privilégios econômicos, políticos e sociais em geral. Essa herança comporta igualmente uma visão de mundo, que é diferente para brancos e negros. Esta visão de mundo conforma o que chamamos de *identidade racial*.

Identidade racial – Uma questão ideológica

Segundo Janet Helms (1990), identidade racial é "um sentimento de identidade coletiva ou grupal baseado em uma percepção de estar compartilhando uma herança racial comum com um grupo racial particular [...] é um sistema de crenças que se desenvolve em reação a diferenciais percebidos no pertencimento a grupos raciais" (p. 3).

Em sociedades como a nossa, onde o pertencimento a um grupo racial é enfatizado, o desenvolvimento da identidade racial ocorrerá de alguma forma com qualquer pessoa. Dada a situação desigual entre os brancos e negros nesta sociedade, todavia, não é surpresa que este processo de desenvolvimento se desdobrará de diferentes maneiras.

Tatum (1992)[10] destaca aspectos importantes da abordagem da identidade racial em cursos sobre relações raciais[11]. A partir de uma experiência de dez anos ministrando cursos sobre racismo, a psicóloga procura sistematizar as respostas dos participantes a conteúdos relacionados com raça, a resistência que aparece no decorrer dos cursos, bem como as estratégias para superar esta resistência. Muitos dos pontos levantados por Tatum guardam similaridade com aspectos da nossa experiência e, por essa razão, vamos abordá-los. Compartilho com a perspectiva de Tatum que destaca que um curso de formação sobre relações raciais obriga as

---

10. TATUM, Beverly Daniel. "Talking about race, learning about learning racism: applying the theory of racial development identity in classroom". *Harvard Educational Review*, V. 62, n. 1. Spring: Mount Holyoke College, 1992.

11. Tatum trabalha conjuntamente com o modelo de desenvolvimento da identidade racial negra de William Cross (1971, 1978) e com o modelo da teoria do desenvolvimento da identidade racial branca elaborado por Helms (1990).

pessoas a entrarem e/ou aprofundarem o contato com sua condição de negro e de branco. Esse contato obriga-as a rever seu passado e a refletir sobre seu presente nas relações raciais. Raiva, culpa, impotência, agressividade podem surgir dentro e/ou fora da sala de aula, dificultando a continuidade do curso ou gerando a desistência. É necessário, pois, ter uma boa leitura do que está acontecendo para poder intervir de modo a garantir a continuidade da participação das pessoas.

Alguns pontos devem ser abordados, logo de princípio:

– O fato de que, apesar do impacto do racismo sobre os brancos ser claramente diferente do impacto do racismo sobre negros, o racismo tem consequências negativas para todos. Ou seja, o racismo é um problema para negros e brancos.

– O fato de que não se pode responsabilizar as pessoas pelo que aprendem sobre racismo e preconceito na família, na escola, nos meios de comunicações. No entanto, ao adquirir uma maior compreensão sobre esse processo, as pessoas têm a responsabilidade de tentar identificar, interromper este ciclo de opressão e alterar seu comportamento;

– A importância de se dar exemplos e enfatizar que é possível a mudança, tanto individual quanto institucional, no que diz respeito ao racismo. No entanto, essa mudança deve ser vista como um processo ao longo de toda a vida, que pode ter começado antes da participação no curso e, certamente, continuará depois que as aulas terminarem.

Muitos participantes dos cursos percebem o racismo como um difícil tema de discussão e, apesar de se inscreverem voluntariamente no curso, ansiedade e resistência sempre acabam aparecendo.

Fontes de resistência

1. Embora a realidade mostre exatamente o contrário, muitos trabalhadores – independentemente do grupo racial a que pertençam – foram socializados para pensar a sociedade como desracializada e procuram agarrar-se a essa crença;

2. A maioria, principalmente os brancos, nega inicialmente qualquer preconceito pessoal, reconhecendo o impacto do racismo sobre a vida de outras pessoas, mas evitando reconhecer o impacto sobre as suas próprias vidas. Ou seja, é possível reconhecer a carência do negro, mas não o privilégio do branco. É possível reconhecer as desigualdades, raciais mas não como frutos da discriminação racial cotidiana;

3. Pensar a sociedade como desracializada permite a alguns negros atribuírem o *quantum* extra de opressão que sofrem a outros fatores, menos dolorosos que o fator racial. Assim, nos cursos, estes negros poderão ser particularmente agressivos com os educadores. Ao longo do processo, essa reação tende a mudar;

4. Por outro lado, muitas vezes a reação é entusiasmada, como a de alguém que diz: *finalmente vão tratar dessa questão*, ou ainda, *finalmente o sindicato se preocupa com questões que dizem respeito a todos os trabalhadores.*

Quando perguntados sobre suas memórias relacionadas a questões raciais e aos sentimentos a elas associados, tanto brancos quanto negros exibem sentimentos de confusão, ansiedade e/ou medo. Negros frequentemente possuem memórias dolorosas de apelidos ou outras interações negativas com outras pessoas. Eles demonstram também ter tido questões que não foram nem formuladas, nem respondidas. Muito frequentemente se sentem mal quando constatam que internalizaram coisas negativas sobre negros.

Uma grande resistência a superar é a crença que muitos querem preservar de que o esforço individual é reconhecido com imparcialidade.

Ou seja, as pessoas evitam enfrentar a questão do racismo enquanto sustentáculo de um sistema de privilégios preferindo acreditar que o reconhecimento que recebem é baseado somente no seu mérito. Colocar isto em questão muitas vezes acentua a tensão entre os participantes.

Se a negação direta da informação não é possível, então evitá-la pode ser a alternativa. Evitar estar no curso pode ser um dos resultados. Não participar das atividades relativas ao curso é outra forma de abandoná-lo.

Esta resposta – segundo Tatum – pode ser encontrada tanto em brancos quanto em negros. Estes geralmente entram no debate sobre racismo já com alguma consciência da questão, baseada em experiências pessoais. Mas mesmo estes participantes concluem que não tinham consciência do impacto generalizado do racismo na sociedade. Para vítimas de racismo, a consciência do impacto do racismo nas suas vidas é dolorosa e, frequentemente, gera raiva.

Para brancos beneficiados pelo racismo, uma consciência ampliada disto gera raiva ou sentimentos de culpa. Evitar a questão racial é uma maneira de evitar estes sentimentos de desconforto.

Uma terceira fonte de resistência (particularmente entre brancos) destacada por Tatum é a negação inicial de qualquer conexão pessoal com o racismo. *"Eu não sou racista, mas sei que as pessoas são, e eu quero entendê-las melhor"*.

Contudo, quando adquirem uma melhor compreensão sobre o que é racismo e sobre suas manifestações, frequentemente começam a reconhecer este legado dentro deles mesmos. Também negros reconhecem atitudes negativas, que eles podem ter internalizado, sobre seu próprio grupo racial, ou que eles têm tido sobre outros grupos. Aqueles que previamente pensaram estar imunes à sociedade racista frequentemente remoem sentimentos desagradáveis de culpa e raiva.

Tatum chama a atenção para a importância da discussão sobre identidade racial branca e negra, que pode auxiliar as pessoas a entenderem o processo pelo qual estão passando, além de propiciar um quadro teórico para lidar com as resistências que surgem.

Muitas vezes o início dessas transformações ocorre durante os cursos. A consciência deste processo pode ajudar a implementar estratégias para melhorar o diálogo inter-racial na sala de aula. Quatro estratégias são destacadas por ela como alternativas que podem ser úteis para reduzir a resistência e apoiar o desenvolvimento dos estudantes:

Criar um ambiente seguro

Fazer do curso um ambiente seguro para discussão é essencial para superar o medo dos participantes de quebrar o silêncio racial e também reduzir ansiedades posteriores sobre a exposição do próprio racismo internalizado. Estabelecer regras de confidência, respeito mútuo, ausência de ironias e falar da experiência da própria pessoa desde o primeiro dia de aula são passos necessários deste processo.

O poder da produção do próprio conhecimento

A criação de oportunidades para que os próprios participantes produzam conhecimento (leitura/seminário) é uma ferramenta poderosa para limitar o estágio inicial de negação que muitos experimentam. Embora possa parecer fácil para alguns questionar a validade do que eles leram ou do que o educador diz, é, no entanto, mais difícil negar o que os seus próprios olhos veem.

Conhecendo o problema

Algumas pessoas consideram sua culpa, vergonha, constrangimento ou raiva como experiências desconfortáveis que somente elas estão tendo. Tatum chama a atenção para o fato de que informar aos participantes, no início do curso, de que estes sentimentos podem constituir parte do processo de aprendizado, é eticamente necessário (no sentido de um consentimento ajuizado), e ajuda a tornar normal a experiência. Saber antecipadamente que o desejo de abandonar a discussão é uma reação comum ajuda as pessoas a manterem-se envolvidas quando chegam a esse ponto.

Além disso, compartilhar o modelo de desenvolvimento da identidade racial com participantes dá-lhes condição de compreender, tanto o processo individual dos colegas, quanto o seu próprio. Este quadro cognitivo não necessariamente evita os conflitos do processo de desenvolvimento, mas permite aos participantes ficar menos apavorados quando ocorrem situações de tensão.

A inclusão de artigos sobre desenvolvimento da identidade racial e/ou discussões nos cursos sobre estas questões, em conjunção com outras estratégias, pode melhorar a receptividade das pessoas para os conteúdos do curso. Uma vez que os estágios descrevem tipos de comportamento que muitas pessoas comumente têm observado nelas mesmas, bem como em suas próprias interações intra e inter-racial, a tendência é a de que os participantes compreendam facilmente o quadro conceitual básico, mesmo que não tenham conhecimento anterior de psicologia.

Fortalecer o poder dos participantes como agentes de mudança

Tatum, assim como Freire, chamam a atenção para o fato de que elevar a consciência das pessoas sobre aspectos condenáveis deve ser acompanhada da possibilidade de mudança. É antiético não fazê-lo.

Trabalhar em pequenos grupos, desenvolvendo um plano de ação definido por eles mesmos a fim de enfatizar o racismo no seu sindicato, é fundamental. São chamados a pensar sobre a possibilidade de ações antirracismo.

Implicações para o movimento sindical

Nos quase dez anos em que viemos realizando o curso temos tido o privilégio de acompanhar – através do programa de formação – o crescimento da luta antirracismo dentro do movimento sindical, marcado pelo silenciamento e desconhecimento dos problemas raciais, desvinculados dos problemas de classe.

> A noção de "unidade de classe trabalhadora" denunciava que as possibilidades da ação sindical voltavam-se para a totalidade, entendida como indiferenciação. Assim, o problema das práticas discriminatórias não era entendido como problema do sindicato, bem como as diferenças e as desigualdades raciais despertavam temores de ruptura, de prejuízo à totalidade.
>
> A luta dos dirigentes antirracismo nos últimos anos se contrapõe a essa ideia de totalidade que ignora os problemas de um contingente significativo da força de trabalho e coloca em questão a ideia de unidade de classe. Necessitam ainda questionar o viés marxista clássico da concepção e prática sindical e, ao mesmo tempo, lutar contra o mito da democracia racial, do qual os sindicatos sofrem grande influência[12].

---

12. SILVA Jr., Hédio. *Racismo à brasileira*. São Paulo, 1994. [mimeo.]

Paradoxalmente, a despeito de todos esses obstáculos, temos podido observar que, justamente no movimento sindical, o potencial político dos cursos de formação sobre relações raciais fica maximizado. Provavelmente, dado o próprio caráter da instituição (representante dos interesses da classe trabalhadora, onde está a população negra e mestiça), como também em razão da expressiva presença de negros em cargo de direção (quando comparada a outras instituições).

Assim, ao longo dos últimos anos, pudemos acompanhar ativamente a formação e desenvolvimento de comissões e grupos de trabalho, bem como a elaboração e articulação de "teses antirracismos" em congressos de diferentes categorias.

O trabalho vem sendo levado a cabo essencialmente por dirigentes negros, uma vez que a resistência das centrais sindicais ainda é muito grande. No entanto, brancos que tenham tido a oportunidade de aprender sobre racismo e decidiram refletir sobre si próprios muitas vezes conseguem ser aliados dos negros em atividades, tais como assembleias e outras atividades de organização, onde negros podem estar isolados e com pouca força de pressão.

Ao mesmo tempo, negros que têm tido a oportunidade de analisar as maneiras pelas quais o racismo pode ter afetado as suas próprias vidas, e como ele se manifesta no cotidiano do seu sindicato, visibilizam a sua própria experiência e a validam. Eles podem se dispor a fortalecer o seu poder de mudança, e compartilhar o seu aprendizado com outros, fazendo palestras nos cursos de formação.

Não apenas negros devem fazer palestras, mas também pessoas brancas que fizeram um compromisso de ruptura com o abandono do racismo. Estas pessoas poderiam oferecer um modelo para outros brancos, em busca de novas maneiras de entender a sua própria branquitude.

Referências

ADORNO, T.W. et al. (1965). *La personalidad autoritaria*. Buenos Aires: Proyección.

ADORNO, T.W.; HORKHEIMER, M. (1985). *Dialéticas do esclarecimento*: fragmentos filosóficos. Rio de Janeiro: Jorge Zahar.

BENTO, M.A. da S. (1998). *Cidadania em preto e branco*: discutindo as relações raciais. São Paulo: Ática.

_____ (1992). *Discriminação racial e resistência na voz de trabalhadores negros(as)*. São Paulo: Puc-SP [Dissertação de mestrado].

CROSS, W.E. Jr. (1991). *Shades of black*: Diversity in african-americam identity. Philadelphia: Temple University.

CROSS, W.E. Jr. et al. (1991). The stages of black identity development: nigrescence models. In: R. Jones (org.). *Black psychology*. 3. ed. San Francisco: Cobb and Henry.

FANON, F. (1980). *Pele negra, máscaras brancas*. Rio de Janeiro: Fator.

FERNANDES, F. (1978). *A integração do negro na sociedade de classes*. Vols. I e II. São Paulo: Ática.

IANNI, O. (1972). *Raças e classes sociais no Brasil*. Rio de Janeiro: Civilização Brasileira.

HASENBALG, C.A. (1979). *Discriminação e desigualdades sociais no Brasil*. Rio de Janeiro: Graal.

HELMS, J.E. (org.) (1990). *Black and white racial identity*: Theory, research and practice. Westport, CT: Greenwood.

PIZA, E. (1998). *O caminho das águas*: personagens femininas negras escritas por mulheres brancas. São Paulo: Edusp/Fapesp.

SILVA Jr., H. (1994). *Racismo à brasileira*. São Paulo [mimeo.].

_____ (1992). *Relações raciais no trabalho e sindicalismo*. São Paulo [mimeo.].

TATUM, B.D. (1992). "Talking about race, learning about learning racism: Applying the theory of racial development identity in classroom". *Harvard Educational Review*, V. 62, n. 1. Spring: Mount Holyoke College.

8 FAÍSCAS ELÉTRICAS NA IMPRENSA BRASILEIRA: A QUESTÃO RACIAL EM FOCO

Iray Carone
Isildinha Baptista Nogueira

Fizemos um álbum de recortes de notícias, artigos e comentários da imprensa brasileira sobre a questão racial na década de 1990, como meio de verificar e analisar o que se diz, o que se pensa e, sobretudo, o que se fantasia a respeito dos negros. Sem dúvida, não tivemos com isso a pretensão de estar empreendendo uma leitura analítica, profunda e extensa sobre a maneira pela qual o problema do negro tem sido representado na sociedade brasileira nos últimos anos. Apenas pudemos detectar, através das opiniões emitidas no cotidiano jornalístico com o intuito de formar e informar a opinião pública, alguns sintomas ou indicadores do grau de elaboração da questão racial, do ponto de vista daqueles que detêm o poder de informação da nossa e da própria sociedade.

Selecionamos da amostra colhida os seguintes assuntos:

– os que causaram grande polêmica na grande imprensa e revistas nacionais, com uma boa variedade de opiniões de articulistas nacionais e estrangeiros, tais como *A curva do sino* (*The bell curve*), a novela da Rede Globo intitulada *Pátria minha* e o multiculturalismo nos Estados Unidos da América do Norte;

– a questão do branqueamento através de casos exemplares, tais como o do artista negro Michael Jackson;

– a revolta dos negros em Los Angeles no ano de 1992.

Vejamos de modo resumido como a imprensa tratou cada um dos assuntos selecionados.

Por quem os sinos dobram?

Em 24 de outubro de 1994 foi iniciado um longo debate sobre um livro de autoria de Charles Murray e Richard Herrnstein, denominado *The bell curve* (1994). A revista *Newsweek* apresentou na sua capa dois perfis, o de um branco e o de um negro (muito semelhante ao de O.J. Simpson, atleta americano acusado de ter assassinado sua esposa e o suposto amante) com o título: *IQ – A hard look at a controversial new book on race, class & success. Is it destiny?* Logo em seguida, o jornalista e articulista da *Folha de S. Paulo*, Carlos Eduardo Lins da Silva, divulgou, no Brasil, as ideias básicas do livro e a convulsão provocada nas revistas *Newsweek* e *The New Republic*, bem como nos mais importantes diários e revistas dos Estados Unidos. Em 30 de outubro de 1994, numa publicação do caderno *Mais!* da *Folha de S. Paulo*, o referido debate foi transplantado para a cena brasileira e permaneceu como gerador de notícias e opiniões diversificadas até janeiro de 1995.

Vejamos, então, a origem dos debates e a configuração que ele tomou nas revistas e jornais norte-americanos e brasileiros.

O assunto da relação entre inteligência e raça é *muito antigo*, embora os autores do livro *The bell curve* o tenham retomado como se fosse uma descoberta ou novidade científica. No entanto, o *novo* parece ter sido o contexto histórico e social no qual essas ideias ganharam força e importância. O artigo de Geoffrey Cowley intitulado *Testing the science of intelligence* (*Newsweek*, 24/10/94) fez uma resenha comentada da história dos testes de quociente de inteligência, de 1575 a 1990, mostrando como é que eles serviram para tentativas de aplicação de políticas de eugenia pela esterilização de pessoas com baixo QI e criação concomitante de um banco de esperma de gênios: "*1966: Nobel Prize – Winning physicist William Shockley advocates sterilization for people with low IQs and supports a sperm bank for geniuses*".

Em 1969, o psicólogo educacional da Universidade da Califórnia (Berkeley), Arthur Jensen, afirmou como conclusão de pesquisas que as diferenças raciais de quociente de inteligência eram 80% devidas à hereditariedade, e que a política de educação compensatória sustentada com dinheiro público tinha falhado, porque era impossível mudar os valores dos testes de QI das crianças desfavorecidas, particularmente das crianças negras. Em 1971, o psicólogo americano Richard Herrnstein afirmou que a situação socioeconômica de grupos étnicos estava vinculada a diferenças hereditárias quanto ao QI. Em 1990, o *Minnesota Twin Study* disse que encontrou evidências de um forte componente genético em muitos traços psicológicos, incluído o QI.

Certamente os argumentos ditos científicos sobre a desigualdade natural ou genética entre as raças, no que diz respeito ao grau de inteligência, não eram mais apresentados para favorecer as políticas de eugenia, mas sim para *desacreditar* os planos de ação afirmativa, financiados com os impostos pagos pelos cidadãos norte-americanos, para promover a ascensão social da população negra e a plenitude dos seus direitos democráticos.

Segundo o artigo de Tom Morganthau (*Newsweek*, 24/10/94), *The bell curve* consistia de em argumentos vinculados entre si. O primeiro, uma reinterpretação do conceito de classe social; o segundo e principal tema do livro dizia respeito ao papel da inteligência na posição socioeconômica dos grupos sociais e o terceiro culminava numa visão apocalíptica da sociedade americana atual destacando a importância crucial das habilidades intelectuais na determinação da riqueza, pobreza e *status* social.

O primeiro argumento afirmava que os Estados Unidos estavam formados por três classes sociais: a elite dirigente formada por uma "elite cognitiva" selecionada por testes de QI e outros utilizados na admissão de colégios e universidades de elite; uma grande classe média de cerca de 125 milhões de americanos de QI entre 90 e 110, e mais uma subclasse de 12 milhões e meio de americanos incapazes de melhorar o seu *status* social.

O segundo argumento dizia respeito à distribuição normal estatística da população americana, do ponto de vista da pontuação nos testes de QI. Cerca de 25% da população, ou 62 milhões e meio de pessoas, estariam divididas em dois grupos: classe IV (estúpidos) e classe V (muito estúpidos). Além disso, as patologias sociais tais como a pobreza, a dependência da política do bem-estar social, criminalidade etc., estariam fortemente relacionadas com o baixo índice de inteligência. Segundo os autores, os negros constituíam o grupo social de mais baixas pontuações nos testes de QI e outras medidas de habilidade cognitiva. Pesquisas anteriores já haviam detectado a diferença de 15 pontos na comparação entre negros e brancos de situação socioeconômica equivalente, ou seja, a existência proporcional de menos negros inteligentes que brancos inteligentes.

Em resumo, segundo os autores de *The bell curve*, cerca de um quarto da população negra dos Estados Unidos teria QI abaixo de 75 (retardamento mental); alguns negros com QI superior prosperaram ou prosperarão, enquanto que a grande maioria não conseguirá ascensão de classe social, a despeito dos esforços educacionais com os subsídios governamentais. A explicação dos autores é a de que tanto os baixos quanto os altos QIs são determinações genéticas, e que ambiente e educação compensadora pouco ou nada podem fazer para alterar esse quadro. Eles citam uma pesquisa denominada *Efeito de Flynn* (de um psicólogo chamado James Flynn) para argumentar que a *disgênese* está abaixando o QI nacional cerca de *um* ponto em cada geração. Em outras palavras, a tendência para o rebaixamento do nível de inteligência no país ou disgênese tem sido provocada pelas políticas sociais do Welfare State, que estão dando oportunidade para o crescimento da população menos inteligente em detrimento da população mais favorecida geneticamente para um bom desempenho intelectual e social.

A revista *Veja* de 26 de outubro de 1994 lançou, na seção *Ciência*, a manchete: *O livro da fúria – A curva normal ressuscita nos meios científicos a tese da superioridade dos brancos sobre os negros*, enfatizando quatro pontos do conteúdo do livro:

– os negros são intelectualmente inferiores aos brancos e, por isso, menos vocacionados ao sucesso na vida;

– isso é determinado por vários fatores, mas o predominante é genético. Há pouco a fazer;

– o governo não deveria gastar bilhões de dólares na manutenção de caríssimas escolas experimentais para negros e pobres. Elas não conseguirão elevar intelectos que a biologia comprometeu;

– o correto seria investir no aprimoramento da "elite cognitiva", majoritariamente caucasiana, abençoada por uma natureza superior.

Apesar dessa apresentação sugerir uma postura contrária às ideias ditas científicas de Murray e Herrnstein, é impossível saber até que ponto a opinião da revista era de repúdio ou de propaganda das ideias contidas no livro, porque, em alguns trechos intercalados, são feitas afirmações de que o livro se fundamentou em dados consensuais da comunidade científica, e que uma pesquisa feita no Instituto de Psicologia da USP mostrou que as crianças de escolas públicas (de maioria negra) têm desempenhos escolares inferiores às crianças de escolas particulares (de maioria branca).

O caderno *Mais!* da *Folha de S. Paulo* do dia 31 de outubro do mesmo ano apresentou uma espécie de mosaico de opiniões de articulistas que iam da crítica reticente e ambígua às críticas mais radicais ao livro, certamente no espírito de um grande jornal que aspira à sua legitimação no mercado. A esse propósito, queremos fazer referência ao artigo de Cláudio Weber Abramo nos *Novos estudos Cebrap* (nº 31, outubro de 1991), intitulado *Império dos sentidos – Critérios e resultados na Folha de S. Paulo*, que diz:

> Na *Folha* considera-se que opções políticas explícitas, como as de (Roberto) Marinho, não são jornalisticamente aceitáveis: o jornal se define como apartidário. Não obstante, o jornal precisa fazer opções, não só políticas como de diversas outras naturezas. Onde, então, buscar justificativas para suas escolhas? No mercado, é a resposta da *Folha* (p. 43).

Em outras palavras, o jornal pretende exercer um *mandato do leitor,* e se ele não corresponde às suas exigências, o leitor suspende esse mandato rompendo o contrato de assinatura ou interrompendo a compra habitual do jornal. É óbvio que um jornal que busca no mercado a sua legitimidade assume a posição de colocar na pauta de prioridades não só o que irá aumentar a sua venda, mas também o que certamente agradará ao gosto dos fregueses. Se as opiniões dos articulistas são discrepantes, isso obedece a uma lógica: elas atingirão distintos destinatários e, no final das contas, todos ficarão contentes e o jornal terá cumprido a sua missão de informar para além dos múltiplos particularismos.

Para se verificar esse apartidarismo, bastará a leitura do caderno *Mais!* da *Folha de S. Paulo* de 30 de outubro de 1994, que incluiu os seguintes títulos e autores: *A curva que abalou os EUA – o livro The bell curve choca os americanos ao relacionar raça, inteligência e desempenho social*, de Carlos Eduardo Lins da Silva; *QI mede comportamento inteligente*, de Ricardo Bonalume Neto; *Raça, genes e QI*, de Charles Murray e Richard Herrnstein; *Escravidão e inferioridade*, de Charles Murray e Richard Herrnstein; *Fontes do livro são neonazistas*, de Jeffrey Rosen e Charles Lane; *Brasileiros contestam ética dos testes de QI*, de Manoel da Costa Pinto, e *Pesquisa legitima cortes de subsídios*, de Henry Louis Gates Jr.

O artigo de Lins da Silva pretendeu dar conta do debate nos Estados Unidos, afirmando que "ninguém sério nos Estados Unidos contesta a maioria dos dados objetivos enfatizados por Charles Murray e Richard Herrnstein em *The bell curve* [...] as críticas ao livro são, quase todas, políticas". Ricardo Bonalume, na mesma página, afirmou que "nenhum cientista tem uma definição perfeita do que seja inteligência, ninguém sabe dizer o que é uma raça e menos ainda se sabe quais os papéis da genética e do ambiente na produção das presumidas diferenças".

Nos dois artigos de Murray e Herrnstein, traduzidos da revista *The New Republic*, os autores tentaram defender as ideias sobre a inferioridade dos negros nas pontuações dos testes, ao mesmo tempo em que buscaram matizar os efeitos dessa "constatação" científica ponderando que isso não afetaria a relação individual ou social entre negros e brancos. O artigo *Escravidão e inferioridade* pareceu ser mais benevolente com relação aos negros, atribuindo a sua inferioridade ao legado da escravidão em seus corpos e em suas mentes. Etnocentrismo manifesto *benevolente*?

Os demais artigos mostraram não só que Murray e Herrnstein reforçaram o racismo com o prestígio da ciência mas também forneceram argumentos poderosos para derrubar as políticas sociais de educação compensatória no momento de surgimento da maior classe média negra na história, além da maior subclasse negra.

Por que os sinos de *A curva do sino* tocaram tão forte na imprensa brasileira? Por que tanto alvoroço num país que, até hoje, não manifestou qualquer interesse político em compensar a população negra ou reparar a dívida contraída com a escravidão colonial? Será que não soaram como um sinal de alerta dos brancos contra a possibilidade de movimentos negros levantarem a bandeira da reparação no Brasil?

Pátria amada, Brasil!

Volta e meia as novelas brasileiras de maior audiência e anúncios publicitários se tornam veículos de reprodução de valores racistas contra o negro brasileiro. Tomaremos um caso exemplar que produziu um certo impacto na imprensa durante os meses de novembro e dezembro de 1994: a novela da Rede Globo denominada *Pátria minha*, horário das vinte horas, de Gilberto Braga e outros quatro autores.

No dia 3 de novembro foi apresentada uma cena da novela na qual um dos protagonistas, o empresário Raul Pelegrini, acusou o jardineiro de roubo. Emendou à acusação injusta uma série de insultos racistas: "negro safado", "crioulo" e "negro insolente". Chorando, o personagem Kennedy não conseguiu reagir à altura.

No dia 7 de novembro várias entidades de ativistas negros reagiram à cena da novela, não só pelas expressões pejorativas que feriam a autoimagem do negro, mas também, e sobretudo, porque o personagem não foi mostrado como alguém capaz de reagir às ofensas, ou seja, foi mostrado como alguém que não possui consciência ou autoestima. Outras manifestações de telespectadores não militantes aconteceram na condição de simpatizantes, indignados com o racismo da cena novelesca.

No contraponto às críticas e bem no espírito do grande jornal, Hélio Guimarães escreveu um artigo para exaltar as qualidades "sociológicas" do autor da novela, Gilberto Braga, afirmando que ele era o principal cronista da televisão brasileira por fisgar questões emergentes no noticiário como, por exemplo, a discussão sobre o quociente de inteligência dos negros recém-instaurada na imprensa. Comparou, então, a cena da novela a um trecho de *Memórias póstumas de Brás Cubas*, no qual Machado de Assis reporta-se ao hábito de Brás Cubas cavalgar no moleque escravo Prudêncio, vociferando diante das reclamações do menino: "*Cala a boca, besta!*" (*Folha de S. Paulo*, 7/11/94).

O editorial da *Folha de S. Paulo* de 8 de novembro defendeu o direito dos ativistas negros de protestar contra o racismo na televisão, dando maior visibilidade para o episódio, mas pontuou que parece ter havido por parte dos movimentos negros um açodamento ou pressa por não esperarem o *desfecho* das ações que certamente não incorreria numa apologia ao racismo. O editorial recorreu ao "bom-senso" para não ferir as iniciativas dos ativistas e simpatizantes, mas deixou também uma reticência no ar: por que não poderiam esperar um pouquinho mais para que a novela tomasse um rumo politicamente correto?

No dia 15 de novembro a *Folha de S. Paulo* pediu a dois representantes da comunidade negra para escreverem sobre a novela *Pátria minha*. Novamente se reproduziu a tônica apartidária do jornal: *Rapper ataca submissão e falta de orgulho de personagem negro*, de Big Richard e *Sambista defende coragem de Braga ao enfocar discriminação*, de Martinho da Vila. Na mesma edição, foi veiculada a notícia de correção de erro na novela, por parte dos autores, bem como uma correção da correção:

> No capítulo de sábado retrasado, *Pátria minha* informou que o Brasil dispõe de uma lei para combater o preconceito racial: Afonso Arinos [...] uma semana depois, três organizações paulistas resolveram contestar a informação na Justiça Federal. É que a lei Afonso Arinos não existe mais. Nasceu em julho de 1951 e vigorou até 1988 [...] Em 1989, outra lei, a 7.716, proposta pelo Deputado Carlos Alberto de Oliveira, estabeleceu pena contra os praticantes de racismo: reclusão de dois a cinco anos.

O lado irônico da questão, tal como foi tratada pela *Folha de S. Paulo*, é que o autor da novela, comparado a Machado de Assis e elogiado como atento observador e cronista da sociedade brasileira pela televisão, desconhecia não só a lei antidiscriminação de 1989, como também, e ao que tudo indica, a existência de movimentos negros no país...

Outra novela, então, foi-se desenvolvendo na vida real: cronistas, articulistas e até mesmo escritores começaram a julgar a interferência dos ativistas negros na "criação artística" como coerção à liberdade que lhe é inerente. Tomemos como exemplo o artigo assinado por Lisandro Nogueira, na *Folha de S. Paulo* do dia 17 de novembro:

> Desconhecendo a dinâmica e a complexidade da indústria cultural brasileira e seu principal produto, a telenovela, o movimento negro posta-se ao lado da arrogância da Igreja Católica, da prepotência do Estado e da interferência cínica da emissora.

No dia 18 de dezembro, no caderno especial de domingo, em *O Estado de S. Paulo*, o escritor baiano Jorge Amado criticou "os radicais da negritude" por tentarem impedir a liberdade de criação artística:

> Existem grupos radicais que tentam impedir a liberdade de criação. São grupos racistas. Acerca destes radicais escrevi, na página 277 do livro *Navegação de cabotagem*: os radicais da negritude nacional são mulatos brasileiros, uns mais escuros, outros mais claros, cujo único ideal na vida é serem negros norte-americanos, de preferência ricos.

A pressão exercida pelos movimentos negros, *via* imprensa, para a visibilização do racismo na novela *Pátria minha* foi, afinal, definida como "racismo às avessas". O pequeno espaço concedido aos negros na imprensa, por força das circunstâncias criadas pelo episódio novelesco, foi classificado como ação coercitiva à criatividade artística.

A ameaça atômica do multiculturalismo

E o multiculturalismo, o que é?

Se nos basearmos exclusivamente na imprensa, o tema pareceu sempre estar relacionado com vários outros assuntos, sem que se saiba *exatamente* do que se trata: exigências de uma "esquerda cultural" que tem conseguido implantar, nas universidades e escolas de Ensino Médio, nos Estados Unidos, programas sobre as histórias e as culturas desligadas da tradição europeia ocidental; um "neo-segregacionismo" agora autoimposto pelos segregados de ontem, ou seja, os negros; uma tentativa de reconstruir dados históricos sobre as minorias que sofreram opressão, em oposição às "grandes narrativas" ou "narrativas-mestras" impostas pela dominação branca nas Américas etc.

Em última análise, tudo o que apareceu na imprensa sobre o multiculturalismo foi, em princípio, *a polêmica sobre o multiculturalismo*. Atacantes de direita, defensores de esquerda e, é claro, os ideólogos do meio-termo.

Vejamos os títulos e os autores que escreveram sobre essa questão, de acordo com o caderno *Mais!* da *Folha de S. Paulo* de 12 de abril de 1992: *Uma escola da diversidade – Professor defende novo ensino e vincula multiculturalismo à comunidade negra dos Estados Unidos*, de Nathan Glazer; *Entre o melting pot e o mosaico*, de Carlos Eduardo Lins da Silva; *A febre do multiculturalismo – As reivindicações de grupos étnicos radicalizam, nos Estados Unidos e Europa, o debate sobre a diversidade cultural*, de Marcos Augusto Gonçalves, e *Debate é violento e divide intelectuais americanos*, de Esther Hamburguer.

Nathan Glazer afirmou que o multiculturalismo, sob a sua forma atual, derivou do afrocentrismo de educadores negros. Nesse sentido, não foi um reflexo da grande imigração das últimas décadas porque os imigrantes não postularam o multiculturalismo (embora os de língua espanhola tenham defendido o ensino bilíngue e a manutenção da língua espanhola nos currículos escolares). O autor concluiu, então: "Estou convicto de que, se não fosse pelo padrão de resultados pobres obtidos pelos negros nas escolas, o movimento multiculturalista perderia boa parte de sua força".

Em outras palavras, o multiculturalismo foi visto pelo autor como um movimento separatista de minoria negra (que põe em risco a unidade nacional), por causa do fracasso dos negros nas escolas que eles mesmos lutaram para dessegregar nos Estados Unidos.

O artigo de Marcos Augusto Gonçalves foi mais explícito ainda:

> Ao mesmo tempo que na Europa os projetos micronacionalistas (e a xenofobia) recrudescem nos Estados Unidos, a radicalização dos *lobbies* minoritários vai gerando uma espécie de neo-separatismo voluntário, a multiplicação de cercados culturais, a febre do preservacionismo de raízes. Nas universidades proliferam os cursos étnicos e difunde-se a ideia de que só um negro (ou um afro-americano, para repetir a polidez politicamente correta) pode dar aula sobre cultura africana, ou só uma mulher (ser humano do sexo feminino?) é capaz de discursar imparcialmente sobre a história da sexualidade.

O artigo de Esther Hamburguer, no entanto, contrariou as opiniões contidas nos anteriores, mostrando que o multiculturalismo não só enfrentou a hegemonia do pensamento branco e masculino ocidental, como tem alcançado resultados surpreendentes:

> Defendendo o princípio da igualdade, educadores e intelectuais ligados a movimentos sociais alternativos à esquerda tradicional abriram os currículos a obras não ocidentais; introduziram o crité-

rio de quotas raciais na admissão de alunos de forma a garantir que a composição racial do corpo discente corresponda à composição racial da população; criaram novas especializações como estudos afro-americanos, estudos da mulher ou estudos de gays e lésbicas. Denunciando a noção da livre competição entre indivíduos iguais como mera falácia, esse movimento se iniciou nas universidades da chama Ivy League, as instituições de elite e delas se propagou para as outras universidades. Hoje há programas de estudo da mulher em mais de 500 universidades americanas e o número de programas de estudos afro-americanos cresceu de 78 para 350 em 1991.

Em suma, os autores parecem não admitir que a História, tal como a conhecemos nos currículos escolares, é a versão e/ou reconstrução dos fatos que dependem estritamente de *quem* diz. Por que os grupos étnicos não poderiam fazer uma história a contrapelo da história oficial? Como disse Angela Gilliam:

> Nos Estados Unidos, interpretações alternativas por parte de muitos grupos étnicos têm desafiado a narrativa-mestra, suscitando uma crítica rica e nova, tanto nas ciências sociais quanto na literatura de ficção e outras artes [...] Esta nova tendência tem sido aceita por pouquíssimos integrantes da elite norte-americana porque ameaça o *status quo*. As demandas por novas narrativas têm sido taxadas tanto de extremistas quanto de exemplos do politicamente correto. O conceito ou rótulo "politicamente correto" nos Estados Unidos representa uma tática conservadora para banalizar e neutralizar as críticas que desafiam a narrativa-mestra (*Folha de S. Paulo*, 15/01/95).

Negros que desejaram ser brancos

Não se pode negar que o branqueamento físico de Michael Jackson, atribuído ao uso de medicamentos, bem como as operações cirúrgicas para alterar os traços fisionômicos (sobretudo nariz e boca) tem sido, desde 1991, um assunto bastante explorado pelos meios de comunicação em geral e pela imprensa em particular. Apareceu como um fato extremamente perturbador, talvez mais no Brasil do que nos Estados Unidos, país de origem do artista negro. Obviamente Michael Jackson não deixou de ser considerado negro nos Estados Unidos, a despeito de seu branqueamento, simplesmente porque é um descendente de pais negros.

O branqueamento pelas vias "naturais", isto é, pela mestiçagem entre negros e brancos, é benquisto e bem-vindo no Brasil, ou seja, é considerado um valor cultural positivo por causa da importância por nós atribuída ao fenótipo ou aparência física na determinação do grupo étnico de pertença das pessoas. O caso de Michael Jackson, no entanto, de branqueamento artificial, teve aqui um efeito assustador.

Num caderno destinado ao público jovem de classe média, um articulista manifestou a sua indignação diante das transformações do cantor, atribuindo a elas a causa da perda da qualidade de suas músicas no último álbum lançado na época, chamado *Dangerous*: "Com sua identidade diluída falta também a Michael Jackson legitimidade indispensável a qualquer astro da cultura pop [...] Michael Jackson é o eunuco do pop" (*Folha de S. Paulo*, 9/12/91).

Essa condenação raivosa do branqueamento intencional do cantor estabeleceu, de forma "axiomática", a equivalência entre a perda da identidade étnica (diluição de cor e traços negros), a perda da qualidade musical (produção inferior às anteriores) e a perda da fertilidade masculina (eunuco)!

Arnaldo Antunes, então, escreveu um artigo bem-humorado que serviu de recado para uma legião de pessoas indignadas com o cantor:

> Brancos sempre puderam parecer mulatos, bronzear-se ao sol ou em lâmpadas específicas para esse fim, fazer permanente para endurecer os cabelos. Tudo isso é visto com naturalidade e simpatia. Tatuagem, que é uma prática predominantemente usada por brancos, pode. Até mesmo aquela caricatura de Al Jolson era vista com graça. Agora o negro Michael Jackson entregar o seu corpo à transcendência da barreira racial desperta revolta, reações de protesto e aversão (*Folha de S. Paulo*, 7/01/92).

Ou, em outras palavras: "Parece a indignação de um membro da Ku Klux Klan defendendo a pureza racial ameaçada por esse branco que não nasceu branco".

Esse parágrafo simples colocou a nu o conteúdo racista da ideologia do branqueamento, compartilhada culturalmente por brancos e negros brasileiros:

Os negros que estão condenando a mutação de Michael Jackson, insinuando ser ela fruto de inveja de uma suposta condição dos brancos, acabam na verdade chegando a um veredicto semelhante ao do racismo branco: *como esse negro se atreve a usar a minha cor em sua pele?* (grifos nossos).

Outras matérias veiculadas pela imprensa nacional reportaram-se também ao uso de clareadores químicos da pele, com base na hidroquinona, por mulheres negras dos Estados Unidos, Jamaica, África e Inglaterra. Segundo os especialistas, a hidroquinona, mesmo em baixa concentração, destrói células produtoras de melanina tornando a pele sensível aos raios ultravioleta e elevando o risco de câncer. O verdadeiro núcleo dessas matérias jornalísticas, no entanto, esteve concentrado nos elementos psicossociais que levaram essas mulheres a *querer* a pele mais clara:

> A cor da pele é uma doença que há tempo perturba a autoestima de muitos negros. O uso de cremes branqueadores é um dos seus sintomas. Nos anos 20, um jovem escritor negro, Wallace Thurman, mortificou a América do Norte com *The blacker the berry* (Quanto mais negra a amora), um romance sobre o preconceito que alguns negros alimentavam contra pessoas que eles viam como escuras demais. Décadas depois a escritora Awa Thiam, em *Black sisters speak out* (As irmãs negras se revelam) descreve o branqueamento artificial da pele como a doença negra da segunda metade do século XX (*Folha de S. Paulo*, 15/11/92).

Embora o artigo supracitado seja uma matéria traduzida de *The Guardian*, um jornal londrino, não deixou de assinalar um ponto de vista muito semelhante àquele dos brasileiros indignados com Michael Jackson: o negro é visto como portador de uma doença, que ele próprio deve aprender a combater, que é a de querer ser ou aparentar ser como o branco. Lembrando as palavras de Arnaldo Antunes: por que o bronzeamento químico, que também acarreta lesões perigosas na pele, praticado por muitas mulheres que desejam uma aparência supostamente mais saudável e sensual, não é uma *doença* das mulheres brancas?

Em 4 de setembro de 2000, Moacyr Scliar escreveu um texto de ficção baseado no noticiário internacional que informava: "Menina negra de 14 anos, acusada de ter roubado uma loja de propriedade de um branco, em uma cidade conservadora da África do

Sul, foi punida, tendo o seu corpo pintado de branco da cintura para cima" (*Folha de S. Paulo*, 4/09/2000).

O escritor, então, interpretou o fato da seguinte maneira: a menina fora assim punida para introjetar os valores da civilização branca, sobretudo o respeito pela propriedade privada. No entanto, a despeito da tinta branca empregada para cobrir o rosto e a parte superior do corpo, a punição "civilizatória" não surtiu o efeito desejado, porque a menina fugiu do reformatório onde fora internada para tratamento. As pernas haviam continuado a ser como antes – negras – e com elas a autora do furto elidiu a educação disciplinar. Moral da história: *"quando se trata de educar para a disciplina, não se deve economizar tinta branca"* [...]

A violência do branqueamento ficou bem explícita tanto no fato ocorrido como na irônica ficção de Scliar – o branqueamento é um dos muitos artifícios da dominação. No entanto, a glosa ficcional também nos trouxe um recado: a dominação é incapaz de completar a sua tarefa porque o dominado parece sempre possuir um bom par de pernas para escapar às suas rédeas, frustrando as expectativas do chamado herói civilizador.

Los Angeles em chamas

Em 1º de maio de 1992 explodiram manchetes nos jornais brasileiros: *Saques, incêndios e mortes: guerra de vingança em Los Angeles* (Jornal da Tarde); *Distúrbios raciais se espalham pelos Estados Unidos* (Folha de S. Paulo). Em 2 de maio: *Bush ameaça usar a força em Los Angeles* (Folha de S. Paulo); *Medo de violência paralisa NY; policiais dispersam passeata* (Folha de S. Paulo); *Racismo é constante nos Estados Unidos* (Folha de S. Paulo) etc. Em 13 de junho de 1992: *Los Angeles – O império das gangues* (Jornal da Tarde).

O último artigo mencionado, de autoria de Xavier Raufer e François Haut, fez um balanço de distúrbios raciais nos Estados Unidos:

> Em julho de 1967, os distúrbios de Detroit causaram 43 vítimas; os que se seguiram ao assassinato de Martin Luther King, em abril de 1968, 46. Entre a quarta-feira, 29 de abril de 92, e a segunda, 4 de maio, 58 mortos (41 a tiros), 2.400 feridos (2.300 a bala) e 12 mil detenções. Sem falar nos prejuízos de US$ 1 bilhão em mais de 5 mil incêndios provocados. No total, 15 mil construções danificadas das

quais cerca de 10 mil casas comerciais, dois mil veículos queimados e 14 mil empregos perdidos (*Jornal da Tarde*, 13/06/92).

Vejamos, então, os fatos relatados pelos jornais no período que vai do fim de abril a junho de 1992. Rodney King, um trabalhador negro da construção civil, foi detido em seu carro nas ruas de Los Angeles quando ultrapassou a velocidade permitida. Fugindo da perseguição policial por temer a volta à prisão, pois estava em liberdade condicional, acabou parando o carro e saiu com as mãos na cabeça, sem resistir às autoridades. Um cinegrafista filmou a cena – de 81 segundos – mostrando King agachado e recebendo golpes de cassetete. A agressividade dos policiais, no entanto, não foi suficiente para que o júri do condado de Ventura incriminasse os quatro policiais brancos acusados de espancar R. King; além disso, o julgamento de um quinto policial (que deu 45 pancadas na vítima) foi adiado para 15 de maio de 1992.

As circunstâncias do julgamento que incluíram a absolvição dos quatro policiais, a despeito do filme que foi mostrado e das mentiras dos policiais que alegaram desobediência e violência de R. King, geraram uma grande revolta da comunidade negra de Los Angeles que se manifestou através de um sem-número de ações: comícios, incêndios, saques, agressões etc. Nos bairros negros da região centro-sul de Los Angeles, que cobrem 65 quilômetros quadrados, começou a revolta que se espraiou por várias partes da cidade e do país.

Os fatos falaram por si mesmos – um negro foi julgado por um júri de brancos e os agressores foram absolvidos. *"Sem justiça não há paz"*, gritaram os negros dos subúrbios de Los Angeles. Uma espécie de guerra civil tomou conta da cidade e do país por algumas semanas.

Em 10 de maio de 1992 a *Folha de S. Paulo* apresentou uma entrevista do cineasta negro Spike Lee feita por um jornalista francês do *Libération*. Spike Lee fez um filme que se revelou profético, intitulado *Faça a coisa certa* (*Do the right thing*), sobre distúrbios raciais num subúrbio de Nova York. Disse que o filme foi inspirado em fatos reais porque já tinham aparecido situações nas quais negros foram vitimados e policiais absolvidos:

É mais ou menos isso que acontece em Los Angeles. Neste caso, *pela primeira vez*, o crime foi gravado em vídeo [...]. Mas o governo e a justiça americana são cínicos e extremamente racistas. Tudo foi calculado para que os policiais não fossem condenados. A primeira coisa que fizeram foi transferir o processo de jurisdição de Los Angeles para Simi Valley. Em Simi Valley não há negros. Era impossível convocar negros para participar do júri [...]. O que este processo mostra é que na América os negros não podem confiar na Justiça: vejam a diferença de tratamento entre Mike Tyson e William Kennedy Smith. O segundo é um homem que hoje está livre, mas Tyson está preso (*Folha de S. Paulo*, 10/5/92, grifos nossos).

Apontou, então, para a situação desoladora da comunidade negra dos Estados Unidos:

> O Governo Lyndon Johnson se esforçava para fazer alguma coisa do ponto de vista social, tinha um programa para a área. Mas oito anos de Reagan e quatro de Bush foram suficientes para que todos os programas sociais ficassem esqueléticos. O governo segue as diretrizes estabelecidas pelo "big business" (*Folha de S. Paulo*, 10/5/92, grifos nossos).

Em contrapartida, num artigo assinado por Xavier Raufer e François Haut, publicado no *Jornal da Tarde* (13/6/92), a "análise sociológica" correu em direção contrária: "Os *crips* e os *bloods* foram os principais artífices dos distúrbios de Los Angeles. Saldo: 58 mortos, 2.400 feridos, 12.000 detenções. E se esta forma de guerrilha espalhar-se para outras cidades do mundo?"

Novamente foi atribuída aos negros de subúrbios a responsabilidade pela violência em Los Angeles e [...] no mundo: as gangues negras, os bandos de jovens marginais são considerados responsáveis *reais* (e virtuais) de fuzilamentos, incêndios, linchamentos e tráfico de drogas [...]

> Para sociólogos, policiais e magistrados californianos, as gangues são análogas: xenofobia, composição monoétnica, adesão a uma cultura da violência, desejo de controle territorial e financiamento por venda de drogas. Eles diferenciam as gangues da grande criminalidade organizada, tipo máfia, que buscam o anonimato. [...] Hoje, a situação está sob controle, mas os distúrbios ficarão apenas como uma lembrança amarga do passado? Poderiam ressurgir na própria Los Angeles sob a forma de uma guerrilha urbana conduzida pelas gangues a partir de seus territórios de

South Central e Watts? E mais, poderiam servir de modelo a outras cidades dos Estados Unidos e mesmo da Europa? O estabelecimento dos *crips* e dos *bloods* em 32 estados americanos traz muita inquietação a este respeito.

Os articulistas franceses pareceram preocupados com três coisas, diante dos acontecimentos em Los Angeles: contabilizar os prejuízos materiais, descobrir os focos causadores dos conflitos e verificar a expansão desses distúrbios raciais na França. A questão que os incomodou recebeu um diagnóstico de estilo colonialista:

> A lição para nós é que ter a nacionalidade do país não é uma garantia suficiente de integração. Os filhos de imigrantes magrebinos nascidos na França têm ódio, como alguns negros norte-americanos. A chave é que quanto mais nossas sociedades se tornam complexas, mais elas fabricam gente subqualificada incapaz de se adaptar. O remédio não é a carteira de identidade, é a carteira escolar.

A que conclusões podemos chegar diante desse grande espelho da sociedade, que é a imprensa? Uma delas, a mais imediata, é a de que a questão racial é de natureza explosiva, mesmo quando as suas faíscas elétricas e as suas chamas súbitas são neutralizadas e contidas por um certo tempo, pois as suas causas continuam a existir onde sempre existiram: no preconceito e na discriminação. Mas, em definitivo, a repressão de um problema não é a sua supressão.

Outra conclusão é a de que a questão racial é representada como um problema ou uma doença dos negros, o que é, evidentemente, falso e ideológico: onde estão os escravizadores de ontem e os dominadores de hoje? Nesse sentido, o ponto de vista que prevalece na imprensa ainda hoje é o ponto de vista de quem goza de poderes na sociedade atual e culpabiliza a vítima da opressão.

Além do mais, parece que a questão racial ganha maior relevância jornalística quando os conflitos explodem fora do Brasil, ou seja, são *não brasileiros*. Parece que o subtexto é o de que vivemos numa verdadeira democracia racial.

A vida curta e fugaz da informação da imprensa é, sem dúvida, um impedimento ao trabalho da análise e da reflexão: as notícias de anteontem não interessam mais ao leitor; as análises dos comentaristas somem quando o jornal some nas lixeiras. Os fatos de hoje são como a refeição quente do dia. Quem se lembra do que comeu no ano passado, num determinado dia da semana?

Se lembrarmos, contudo, que as representações sociais vão se afirmando, reafirmando e confirmando através do que lemos e ouvimos *sem* o trabalho da análise e da reflexão, então a vida curta e fugaz da informação jornalística se torna algo que merece a nossa atenção permanente.

9 A FLAMA SURDA DE UM OLHAR*

Iray Carone

A militância negra, ao ser entrevistada no Instituto Brasileiro de Estudos e Apoio Comunitário (Ibeac), por iniciativa e coordenação de Ivair Augusto Alves dos Santos, foi unânime em afirmar a importância da obra e da atuação política de Eduardo de Oliveira e Oliveira, sociólogo formado na USP e falecido em 1980. Recebemos, então, das mãos do militante Jurandir Nogueira, um volume intitulado *Inventário analítico da Coleção Eduardo de Oliveira e Oliveira* (1984), do Arquivo de história contemporânea da Universidade Federal de São Carlos. Nas 120 páginas do inventário estão arrolados 2.200 documentos em 13 grupos ou tipos, tais como correspondências, fotos, documentos pessoais, livros, periódicos, recortes, folhetos, produção intelectual etc.

Durante alguns dias, em visitas ao Arquivo, consultamos a sua produção intelectual, desde os cadernos de estudos contendo fichamentos de livros, anotações de aulas, comentários e observações pessoais até os artigos publicados nos jornais de São Paulo e revistas especializadas, bem como os relatórios da pesquisa que vinha realizando sobre ideologia racial no mestrado.

Antônio Cândido, que prefaciou o inventário e conheceu Eduardo pessoalmente nos tempos da Maria Antonia, disse que:

> Havia na tristeza do seu olhar velado uma flama surda, que parecia erguer contra os obstáculos a sua figura nervosa e frágil. Ele procurou sempre criar o bom escândalo – enfrentando, protestando, desmanchando os prazeres – quando entravam em jogo as suas convicções, que eram as convicções adequadas a fazer o Brasil encontrar-se consigo (Prefácio, s.p.).

---

* O artigo foi, pela primeira vez, publicado na *Revista do Ceert*, vol. I, n. 1, nov. 1997. Agradecemos a licença para sua publicação.

E mais:

> Festejado, querido, respeitado, faltava apenas dar um passo e se instalar no mundo promissor dos que seguram o cabo da vida. No Brasil (apesar de "nossa alma crivada de raças", de que fala Mário de Andrade) *isto significa antes de mais nada ser considerado branco, querer ser branco, passar por branco, ser tratado como branco* (Prefácio, s.p., grifos nossos).

Eduardo de Oliveira e Oliveira conquistou o mundo com sua inteligência – ou melhor, com a sua enorme coragem intelectual –, recusando, ao mesmo tempo, o prêmio da "brancura honorária", não aceitando passar pelo conta-gotas social brasileiro que costuma selecionar os gênios da negritude, os eleitos, para "o lado de cá da barreira".

Em tudo e por tudo, os documentos do arquivo de Eduardo atestam a ardência, o fogo de sua militância: mais de 300 cartas pelos quatro cantos da Terra; 533 livros da melhor literatura nacional e internacional sobre o negro; 240 unidades documentais de folhetos, separatas e teses sobre a questão racial; 91 catálogos de universidades brasileiras e estrangeiras com as quais mantinha contato; 348 fotos e eventos vários etc. O raio de ação de sua palavra num curto espaço de tempo vital, mostra o quanto transcendeu os limites da finitude humana, tomado literalmente pela causa do povo. Se demorarmos a atenção nos seus escritos, sentiremos de perto a dor de um homem sublimada na ação política imediata, cravando as unhas na terra para a militância de hoje.

As suas hipóteses sobre a psique do negro brasileiro, nas nossas circunstâncias sociais, políticas e econômicas, estão contidas nos relatórios científicos que mandou para a Fapesp e para a Ford Foundation, de 1974 a 1976, enquanto era mestrando na área de Antropologia Social da Faculdade de Filosofia, Letras e Ciências Humanas da USP, sob a orientação do Professor Ruy Coelho e, posteriormente, do Professor Borges Pereira. Em termos gerais, a sua dissertação de mestrado, intitulada *Ideologia racial – Estudo de relações raciais*, afirmava o seguinte:

> O negro não é portador de uma ideologia racial definida mas sim, de uma contraideologia, ou seja, de uma predisposição para absorção dos modelos de organização, de comportamento, de personalidade dos grupos sociais existentes na sociedade inclusiva. Impulsão para

absorver padrões de vida dos brancos e através deles, redefinir a posição do negro na estrutura social e as imagens negativas que circulam a seu respeito (relatório à Fapesp, 1974: 3).

Essa hipótese dependeu, para ser desenvolvida, de dois pares conceituais: *stress* (pressão)/*strain* (tensão) e negridade/negritude.

Vejamos o primeiro par. Deriva da Engenharia quando se refere à pressão mecânica exercida sobre um corpo material e a reação mensurável a ela. No campo da Medicina, a doença pode ser vista como uma maneira reativa do organismo para se adaptar a um agente nocivo que funciona como *stress*. Analogicamente falando, a cultura também pressiona o indivíduo e possui inúmeros veículos de *stress*, tais como a pobreza, a estimulação concomitante de valores normativos contraditórios entre si, os preconceitos e os estereótipos, os impedimentos aos acessos dos benefícios sociais do trabalho etc. As respostas individuais a essas pressões diárias, como o sentimento de opressão, a tensão psicológica, a angústia, a ansiedade, a depressão ou as tentativas mais espetaculares para a adaptação, como o sentimento de revolta contra as outras pessoas ou a própria hostilidade paranoica, constituem o *strain*. Individualmente falando, somos capazes de selecionar o *strain* para sobreviver psicologicamente ao meio cultural adverso e contraditório, procurando consciente e inconscientemente regular a invasão e reparar as ambiguidades que ameaçam destruir os nossos sistemas cognitivos e emocionais.

A proposta básica de Eduardo era a de conhecer os mecanismos egoicos e inconscientes de defesa do sujeito negro às adversidades culturais brasileiras, inclusive a do branqueamento. Para tanto, buscou a utilização de métodos clínicos como o *Teste de Rorschach* para psicodiagnósticos mais precisos da organização dos sujeitos. Os relatórios mencionam um *questionário-piloto* a ser aplicado a 60 sujeitos, em faixas etárias diversas, diferentes categorias sociais e sexuais. A seguir, a aplicação do *Teste de Rorschach* aos mesmos sujeitos (posteriormente, essa metodologia foi alterada para a aplicação de testes de *Figuras humanas* de Machover e *Escalas de inteligência* de Wechsler-Bellevue).

Os relatórios afirmam que os primeiros dados obtidos comprovavam as hipóteses iniciais de que o negro assume papéis que fazem dele um *negativo do branco*, através de comportamentos latentes e manifestos. Estão em ação, nos sujeitos estudados, mecanismos psicológicos que projetam para fora deles mesmos a capacidade de aceitar a existência de um preconceito racial com base na cor: nas entrevistas há evidências de que, na maioria dos casos, os sujeitos conhecem e admitem o problema, mas não pretendem tê-lo vivido, atribuindo essa vivência a outrem, com quem não se identificam grupalmente. Tais manobras ajustadoras servem, segundo Eduardo, para a manutenção do equilíbrio interno ou para o sujeito se proteger de ser esmagado pela tensão provocada pela adversidade cultural.

As culturas, por sua vez, podem ser *duras* ou *fáceis* de acordo com a quantidade de *stress* que veiculam. Pode acontecer, e com frequência ocorre, que a grande quantidade de *stress* tenha efeitos psicológicos positivos na constituição da individualidade do oprimido, promovendo altos níveis de organização mental e emocional, que não seriam possíveis em situações sociais menos adversas. Os grupos minoritários que se revoltam são exemplos disso. Eduardo citou, a esse propósito, dois pensamentos, um de Walter Benjamin, que lembra: "a tradição dos oprimidos nos ensina que a regra é o estado de exceção em que vivemos"; outro de Hegel, provavelmente retirado de *A fenomenologia do espírito*, que diz que o escravo não deve apenas romper as correntes, ele deve também despedaçar a imagem negativa tanto nele quanto na cabeça de seu ex-senhor, antes de se tornar realmente livre.

Dentro deste contexto de análise, os conceitos de *negridade* e *negritude* são utilizados por Eduardo para exprimir as respostas organizadas do negro à perversão social. O primeiro conceito emergiu do *Manifesto à gente negra brasileira*, de Arlindo Veiga dos Santos, presidente da Frente Negra Brasileira, em 02/12/1931: "A nossa história tem sido exageradamente deturpada pelos interessados em esconder a face histórica interessante ao negro, aquilo que se poderia dizer 'a negridade' de nossa evolução nacional".

A negridade é um momento de desalienação do negro na sociedade brasileira, mas ainda tem como modelo o branco. A negritude vai mais longe: é uma contraideologia construída para minorar as frustrações psicossociais de uma categoria racial e eventualmente auxiliá-la na luta direta pela modificação do *status quo* social. Pressupõe, portanto, a negação da ideologia da classe dominante, os seus valores, os seus pontos referenciais, os seus padrões estéticos, fazendo da *cultura* um dos elementos da transformação social. Isso pressupõe – pergunta Eduardo – a existência de um grupo majoritário e inteligente, consciente de sua etnicidade, capaz de se desenvolver como *intelligentzia* do país? Em outras palavras, a negritude seria também a produção cultural do negro elevada a um alto grau de excelência para combater as ideologias dominantes? O verdadeiro *pour-soi* sartreano de uma raça, o seu momento afirmativo mais alto.

As pesquisas iniciadas por Eduardo de Oliveira e Oliveira não chegaram ao fim nem foram apresentadas no formato de Dissertação de Mestrado em Antropologia Social. Há uma carta da psicóloga Latife Yazigi, da Sociedade Rorschach de São Paulo, para a Ford Foundation, em novembro de 1976, comunicando a aplicação do psicodiagnóstico de Rorschach para a pesquisa *Ideologia racial: estudo de relações raciais* do sociólogo Eduardo de Oliveira e Oliveira e que os dados estariam aguardando um tratamento estatístico a cargo da Professora Nazira Gait. Não encontramos mais informações sobre o destino dessas pesquisas.

Um artigo que merece destaque na produção intelectual de Eduardo é, sem dúvida, *O mulato, um obstáculo epistemológico*, divulgado na prestigiada revista *Argumento*, ano I, nº 3, em janeiro de 1974. Nele, Eduardo articula uma extraordinária reflexão sobre os mitos e fatos do sistema brasileiro de relações raciais, a partir da leitura do livro de Carl Degler intitulado *Neither black nor white: Slave and race relations in Brazil and the United States* (1970).

O objetivo desse artigo é o de refutar os argumentos "historiográficos" de Carl Degler que se baseiam, na verdade, no estereótipo criado por André João Antonil de que o Brasil é o inferno dos negros, purgatório dos brancos e o paraíso dos mulatos. O mulato ou *meia-raça*, no dizer de Gilberto Freyre, seria um tipo socialmente aceito na sociedade brasileira; este mito estaria fundamentado num outro mito – a máxima segundo a qual, no Brasil, quem tem um pouco de sangue branco é branco.

Substancialmente falando, o artigo é uma polêmica educada porém firme contra o argumento principal do historiador na comparação que estabeleceu entre as relações raciais nos Estados Unidos e no Brasil. A *diferença específica* entre os dois racismos seria a sua atenuação, do lado de cá, devida à aceitação social ou integração do mulato à sociedade brasileira. Embora a interpretação histórica de Degler não permitisse uma aproximação maior com a ideia de democracia racial, ela tendia a desconsiderar (ou a pecar por daltonismo social) a real condição da população mestiça oriunda da miscigenação entre negros e brancos:

> Acreditamos que, ao atribuir ao mulato um lugar reservado em nossa sociedade, o autor também sofria, quem sabe involuntariamente, daquele daltonismo de que somos acusados por Ray Nash, para quem somos "o mais daltônico dos povos, a ponto de olhar na cara de um homem negro e não ver mais do que um homem", sem enxergarmos o problema que ele representa (1974: 70).

Voltemos a atenção ao título intrigante do artigo de Eduardo para depois reconsiderar a percepção distorcida ou daltonismo de Degler. Por que – segundo Eduardo – o mulato é um *obstáculo epistemológico*? Obstáculo epistemológico é um impedimento ao conhecimento verdadeiro – um bloqueio criado pela própria ciência para se conhecer o objeto. Neste caso, o mulato é um impedimento para se conhecer, *de fato*, a natureza das relações raciais no Brasil. Na verdade, não se trata do mulato, mas sim da construção sociológica do mulato: a "saída de emergência" do sistema social que funcionaria como redutor de tensões raciais ou uma "válvula de escape" para evitar as polarizações antagônicas entre negros e brancos.

Esse conceito ou constructo sociológico, de fundamento empírico insuficiente, funciona como uma ideia reificadora das relações raciais brasileiras. Eduardo aponta para dois fatos, com a intenção de demolir o conceito de mulato:

> – um comentário de Joaquim Nabuco dirigido a José Veríssimo (que havia escrito no jornal que Machado de Assis era mulato e grego da melhor época), nos seguintes termos:
>
> Eu não teria chamado o Machado de mulato e penso que nada lhe doeria mais que essa síntese. *Rogo-lhe que tire isso* quando reduzir os artigos a páginas permanentes. A palavra não é literária e é pejorativa, basta ver-lhe a etimologia. *O Machado para mim era um branco e creio que por tal se tomava; quando houvesse sangue estranho, isso em nada afetava a sua perfeita caracterização caucásica* (1974: 70, grifos nossos).

– os movimentos sociais negros iniciados em São Paulo que, na década de 1920, tinham à frente José Correia Leite (mulato), Arlindo Veiga Santos (mulato), Francisco Lucrécio (mulato), Raul Joviano (mulato), Henrique Cunha (mulato) etc. Além disso, José Correia Leite, inspirado em Vicente Ferreira, foi um grande batalhador para introduzir o termo *negro* em substituição ao vazio e hipócrita termo *homem de cor*.

> Foi precisamente através da palavra negro que se buscou congregar os descendentes de africanos, numa tentativa de arregimentação que os afastasse do esvaziamento fenotípico – o mulato – socialmente mais predisposto a beneficiar-se das manifestações de hierarquização econômico-social dos grupos [...] (1974: 73).

O obstáculo epistemológico à compreensão das relações raciais no Brasil é uma construção do ponto de vista da classe dominante branca, que supõe que o Brasil seja, retoricamente falando, o paraíso dos mulatos, ignorando os seus problemas e as demandas expressas pelos movimentos negros. Como disse Eduardo, a expressão *mulatto escape hatch* seria melhor traduzida por *alçapão* ou *armadilha preparada* – saída de emergência para o sistema de dominação branca e prisão para impedir que o mulato adquira consciência de sua negritude.

Para a infelicidade geral, Eduardo não está mais entre nós. Seria tão bom saber a quem hoje levantaria a flama do seu olhar ou da sua crítica implacável. Ou a quem esboçaria um pequeno sorriso.

Referências

INVENTÁRIO ANALÍTICO DA COLEÇÃO EDUARDO DE OLIVEIRA E OLIVEIRA (1984). – Universidade Federal de São Carlos, Arquivo de História Contemporânea. São Carlos (SP).

OLIVEIRA, E. de O. e (1974). *"O mulato, um obstáculo epistemológico"*. Revista Argumento. Ano I, n. 3, jan. São Paulo, p. 65-74.

_____ (1974). *Relatórios de pesquisa à Fapesp* [mimeo].

Eduardo de Oliveira e Oliveira (1928-1980).

SOBRE OS AUTORES

Edith Piza é doutora em Psicologia Social pela PUC-SP, pós-doutora pela USP e Profa. de pós-graduação da Faculdade de Educação da Associação de Ensino de Itapetininga.

Fúlvia Rosemberg formou-se em Psicologia no IPUSP e doutorou-se na Universidade de Paris. Fez pós-doutorado na Universidade de Cornell.

Iray Carone é doutora em Filosofia pela PUC-SP, assistente-doutora aposentada do Instituto de Psicologia da USP. Fez pós-doutoramento em Berkeley, em New School for Social Research e Columbia University. Escreveu vários artigos de coletâneas publicados pelas editoras Brasiliense e Summus.

Isildinha Baptista Nogueira é psicóloga, doutora em Psicologia pela USP, mestre em Psicologia pela PUC-SP, especializada em Psicanálise na França. Atualmente é psicanalista clínica.

Lia M. Perez B. Baraúna é psicóloga clínica, doutoranda em Psicologia Escolar pela USP e mestre em Psicologia Escolar pela USP.

Maria Aparecida Silva Bento é psicóloga, doutoranda no Instituto de Psicologia da USP, mestre em Psicologia Social pela PUC-SP, pesquisadora associada do Instituto de Psicologia da USP e diretora do Ceert – Centro de Estudos das Relações de Trabalho e Desigualdades.

Rosa Maria Rodrigues dos Santos é psicóloga, atualmente atua no Hospital das Clínicas – HC/Fmusp.

COLEÇÃO PSICOLOGIA SOCIAL

– *Psicologia social contemporânea*
Vários autores
– *As raízes da psicologia social moderna*
Robert M. Farr
– *Paradigmas em psicologia social*
Regina Helena de Freitas Campos e
Pedrinho Guareschi (orgs.)
– *Psicologia social comunitária*
Regina Helena de Freitas Campos e outros
– *Textos em representações sociais*
Pedrinho Guareschi e Sandra Jovchelovitch
– *As artimanhas da exclusão*
Bader Sawaia (org.)
– *Psicologia social do racismo*
Iray Carone e Maria Aparecida Silva
Bento (orgs.)
– *Psicologia social e saúde*
Mary Jane P. Spink
– *Representações sociais*
Serge Moscovici
– *Subjetividade e constituição do sujeito em Vygotsky*
Susana Inês Molon
– *O social na psicologia e a psicologia social*
Fernando González Rey
– *Argumentando e pensando*
Michael Billig
– *Políticas públicas e assistência social*
Lílian Rodrigues da Cruz e Neuza
Guareschi (orgs.)
– *A invenção da sociedade*
Serge Moscovici
– *Psicologia das minorias ativas*
Serge Moscovici
– *Inventando nossos selfs*
Nikolas Rose
– *A psicanálise, sua imagem e seu público*
Serge Moscovici

– *O psicólogo e as políticas públicas de assistência social*
Lílian Rodrigues da Cruz e Neuza
Guareschi (orgs.)
– *Psicologia social nos estudos culturais*
Neuza Guareschi e Michel Euclides
Bruschi (orgs.)
– *Envelhecendo com apetite pela vida*
Sueli Souza dos Santos e Sergio Antonio
Carlos (orgs.)
– *A análise institucional*
René Lourau
– *Psicologia social da comida*
Denise Amon
– *Loucura e representações sociais*
Denise Jodelet
– *As representações sociais nas sociedades em mudança*
Jorge Correia Jesuíno, Felismina R.P.
Mendes e Manuel José Lopes (orgs.)
– *Grupos, organizações e instituições*
Georges Lapassade
– *A psicologia social da comunicação*
Derek Hook, Bradley Franks e Martin W.
Bauer (orgs.)
– *Crítica e libertação na psicologia*
Ignacio Martín-Baró
– *Psicologia social do trabalho*
Maria Chalfin Coutinho, Marcia Hespanhol
Bernardo e Leny Santo (orgs.)
– *Psicologia e assistência social*
Lílian Rodrigues da Cruz, Neuza Guareschi
e Bruna Moraes Battistelli (orgs.)
– *Psicologia política marginal*
Aline Reis Calvo Hernandez e Pedrinho
Guareschi (orgs.)
– *Psicologia política marginal*
Aline Reis Calvo Hernandez e Pedrinho
Guareschi (orgs.)

CULTURAL

Administração
Antropologia
Biografias
Comunicação
Dinâmicas e Jogos
Ecologia e Meio Ambiente
Educação e Pedagogia
Filosofia
História
Letras e Literatura
Obras de referência
Política
Psicologia
Saúde e Nutrição
Serviço Social e Trabalho
Sociologia

CATEQUÉTICO PASTORAL

Catequese
Geral
Crisma
Primeira Eucaristia

Pastoral
Geral
Sacramental
Familiar
Social
Ensino Religioso Escolar

TEOLÓGICO ESPIRITUAL

Biografias
Devocionários
Espiritualidade e Mística
Espiritualidade Mariana
Franciscanismo
Autoconhecimento
Liturgia
Obras de referência
Sagrada Escritura e Livros Apócrifos

Teologia
Bíblica
Histórica
Prática
Sistemática

REVISTAS

Concilium
Estudos Bíblicos
Grande Sinal
REB (Revista Eclesiástica Brasileira)

VOZES NOBILIS

Uma linha editorial especial, com importantes autores, alto valor agregado e qualidade superior.

VOZES DE BOLSO

Obras clássicas de Ciências Humanas em formato de bolso.

PRODUTOS SAZONAIS

Folhinha do Sagrado Coração de Jesus
Calendário de mesa do Sagrado Coração de Jesus
Agenda do Sagrado Coração de Jesus
Almanaque Santo Antônio
Agendinha
Diário Vozes
Meditações para o dia a dia
Encontro diário com Deus
Guia Litúrgico

CADASTRE-SE
www.vozes.com.br

EDITORA VOZES LTDA.
Rua Frei Luís, 100 – Centro – Cep 25689-900 – Petrópolis, RJ
Tel.: (24) 2233-9000 – Fax: (24) 2231-4676 – E-mail: vendas@vozes.com.br

UNIDADES NO BRASIL: Belo Horizonte, MG – Brasília, DF – Campinas, SP – Cuiabá, MT
Curitiba, PR – Fortaleza, CE – Goiânia, GO – Juiz de Fora, MG
Manaus, AM – Petrópolis, RJ – Porto Alegre, RS – Recife, PE – Rio de Janeiro, RJ
Salvador, BA – São Paulo, SP